아빠,

당신의 죽음을

허락합니다

Dad,
you are allowed to die

일러두기

- 사생활 보호를 위해 책에 언급된 모든 환자에게는 가명을 사용했습니다.
- 저자는 지난 일이지만 그 순간과 감정을 생생하게 전달하기 위해, 과거의 일을 묘사하면서 현재형 시제와 과거형 시제를 뒤섞어 썼습니다. 저자가 사용한 시제를 최대한 살렸으며, 한국어로 너무 어색한 경우만 수정했습니다.
- 개혁교회 목사가 언급한 god은 '하나님'으로, 이후 사제가 언급한 god은 '하느님'으로 번역했습니다.
- 이 책에서는 환자의 자발적 의지와 의사의 처방에 따른 약물의 도움으로 이루어지는 사망 과정을 다양한 명칭으로 부릅니다(조력사망, 자발적 조력사망, 의료조력사망, 의사조력사망 등).
- 대한민국에서는 현재 조력존엄사(의사 처방, 환자 직접 투약) 불가, 적극적 안락사(의사 직접 투약) 불가, 소극적 안락사(임종 환자 연명치료 중단) 허용하고 있습니다.
- 한국보건사회연구원에서 2024년에 발표한 보고서에서는 대한민국 성인 10명 중 8명은 조력존엄사 합법화에 찬성하고 있습니다.

이토록 멋진 작별의 방식, '간절한 죽음이라니!'

아빠, 당신의 죽음을 허락합니다

에리카 프라이지히 지음
박민경 옮김
최다혜 감수

Sb
smart business

저자 에리카 프라이지히 박사가 아버지의 자발적 조력 사망 이틀 전, 아버지와 함께 활짝 웃고 있다. 당시 아버지는 말씀을 못하셨지만, '이틀 뒤 죽음이 허락됐다'는 사실을 알고 나서, 표정과 몸짓으로 한없는 감사와 기쁨을 표현하셨다.

CONTENTS

서문
좋은 죽음이 없으면, 삶이 어그러진다!

감수의 글
삶과 죽음의 경계에서, 마지막 권리를 말하다!

한국 독자분들에게
삶의 마지막을 생각할 때, 지금 삶이 빛납니다!

나의 아버지 _ 21

신앙의 문제 _ 61

삶의 질 _ 97

이례적 비상 당직 _ 121

조력사망 상담 의사로서의 두려움 _ 138

죽음, 그후 _ 173

나는 누구인가? _ 196

라이프서클과 이터널스피릿 _ 221

서문

좋은 죽음이 없으면,
삶이 어그러진다!

"불치병에 걸린 중증 환자에게 '자발적 조력사망 생명 종결의 최종 행위를 의사가 직접 하지 않고, 환자 스스로 의사가 처방한 약물을 투여하여 생명을 종결하는 방식을 의미한다. 이는 환자의 자발적 의사를 전제로 하며, 환자가 최종 결정을 내리고 실행한다. 그 과정에서 의료인이 상담, 검진, 약의 처방 등 전문적 의료 지식을 제공하는 역할을 수행하기 때문에 의료인을 조력의 주체로 상정하는 의료조력사 또는 의사조력사로 불리기도 한다'의 가능성을 제시하는 것은 의사의 권한에 속할까?"

바젤란트 주 빌 벵켄에서 활동하는 일반의이자 라

이프서클협회 회장인 에리카 프라이지히 박사는 이 힘든 질문을 스스로에게 수없이 던졌다. 그리고 수년간 이 문제와 씨름한 끝에, 마침내 확신을 담아 "그렇다."고 말할 수 있게 됐다.

불치병으로 삶의 질이 현저히 떨어진 환자들이 에리카 박사를 찾아와, 사랑하는 이들이 지켜보는 가운데 자유 의지에 따라 고통 없이 생을 마감할 수 있도록 도움을 청했다. 연민 깊은 에리카 박사는 스위스뿐 아니라 세계 각지에서 찾아온 가혹한 운명에 처한 사람들을 보며 수많은 밤 잠 못 이루다, 마침내 히포크라테스 선서의 그늘에서 벗어날 수 있게 됐다.

히포크라테스 선서가 더 이상 의사에게 강제력을 띠지는 않지만, 그럼에도 불구하고 가장 중요한 원칙들은 여전히 유효하다. 그중에는 "나는 누가 요청하더라도 치명적인 약물을 주지 않을 것이며, 그러한 권고도 하지 않을 것이다."는 원칙도 있다.

그러나 프라이지히 박사의 마음은 2천 4백 년 된 이 금기보다 환자를 향한 연민으로 훨씬 더 기울게 됐다. 의료인으로서 첫발을 뗐을 때만 해도 프라이지히 박사는 자신이 조력사망을 제안하게 될 줄은 꿈에도 몰랐다. 그뿐 아니라 절대 펜토바르비탈나트륨SP ; 진정, 최면, 마취, 경련 조절 등에 사용되는 약물로 높은 용량 투여 시 사망에 이를 수 있다과 같은 치명적 약물을 처방하지도 않았을 것이며, 자발적 조력사망 과정을 동반하는 일은 일말의 고려 대상으로도 삼지 않았을 것이다.

이 책은 의사 초년생 때 프라이지히 박사가 가졌던 태도가, 의사로서의 개인적 경험을 통해 어떻게 바뀌어 가는지를 강렬하게 묘사한다. 너무 솔직해 불편한 부분도 있다. 하지만 저자는 독자들을 환자나 환자 가족과의 진솔한 대화로 안내하는 동시에, 나아가 자기 내면으로도 초대한다.

책을 읽으며 그의 내면에는 신에 대한 깊은 믿음,

모든 생명의 원천에 대한 신뢰가 깃들어 있음을 느낀다. 프라이지히 박사와 종교적 신념에 관해 직접 얘기를 나눠보진 않았지만, 개혁교회 목사로서 나는 그가 신뢰할 수 있는 의사임을 바로 느낄 수 있었다.

나는 조력사망이 신께서 우리에게 주신 생명을 다시 돌려드리기 위한 하나의 수단이 될 수 있다고 확신한다_{물론 특정 조건들이 충족된다는 전제하에}. 누구도 자신의 신조나 윤리적 기준을 타인에게 강요할 권리는 없을뿐더러, 타인의 의지에 반하면서까지 그 신조나 도덕에 책임을 질 권리는 더더욱 없다.

나는 삶과 죽음 안에 우리와 함께하시는 신을 믿으며, 죽음 이후 구원의 세계로 우리를 이끄시는 신을 믿는다. 성경에서 그분은 '임마누엘'로 불리는데, 이는 "하나님이 우리와 함께 계시다_{마태복음 1장 23절}."는 의미다.

2011년 나 역시 불치병으로 고통받던 내 누이의 조력사망을 지켜봤다. 그것은 고요하고 엄숙한 죽음이었으며, 그곳에는 인간 존엄이 깃들어 있었다. 모질고 끔찍한 자살로 생을 마감해 내가 추도 예배를 집전했던 여러 청년, 노인들과는 전혀 다른 모습이었다.

그래서 자기 결정에 따른*'자기 결정에 따른'이라는 표현의 영어 원문 'Self-determined'는 외부의 간섭 없이 개인적 사안에 관해 스스로 결정할 수 있는 권리를 의미하는 '자기 결정권(Self-determination)'에서 파생된 개념이다* 조력사망이라는 선택지에 대해 인지도를 높이고, 환자들이 결정을 내리는 과정을 지원하며, 모든 조건이 충족되었을 때 조력사망을 실행에 옮길 수 있도록 활동해온 프라이지히 박사의 용기에 경의를 표한다.

은퇴 목사 폴 콜러
스위스 바젤 프라텔른, 아우크스트 교구

감수의 글

삶과 죽음의 경계에서, 마지막 권리를 말하다!

이 책은 한 스위스 의사의 개인적인 고백에서 출발하지만, 곧 생애 말기 환자들이 겪고 있는 절박한 현실로 독자를 이끈다.

인간으로서 존엄을 지키며 삶의 마지막을 선택할 권리, 극심한 고통 속에서도 '자기 결정'이라는 이름으로 삶을 마무리할 수 있는 가능성, 그리고 그 모든 과정을 지켜보는 의료인의 시선과 우리가 마주한 법적·윤리적 공백이 고스란히 드러난다. 이는 단지 죽음을 다룬 이야기가 아니라, 인간의 존엄성과 사회의 책임을 다시금 성찰하게 하는 기록이다.

조력사망은 어떤 이들에게는 여전히 낯설고 불편한 개념일 수 있다. 그러나 생애 말기 고통 속에서 살아가는 환자들에게는 구체적이고 절실한 현실이며, 때로는 마지막 남은 인간다운 선택일지 모른다. 누군가에게는 그 선택이야말로 고통의 시간을 스스로 마무리할 수 있는 유일한 희망일 수 있다는 점을, 우리는 결코 외면해서는 안 된다.

생명이란 단지 '살아 있음'을 뜻하지 않는다. 말기 환자와 불치의 병을 앓고 있는 이들에게 삶이란 '남은 시간을 어떻게 보낼 것인가, 어떻게 나답게 마무리할 것인가'의 문제다.

그럼에도 우리 사회는 아직도 생명을 무조건적으로 연장하는 것만이 절대적인 가치인 양, 삶의 마지막에서 고통받는 이들의 목소리를 외면하고 있는 것은 아닌지 되돌아보게 된다.

어떻게 살아갈 것인가에 대한 결정은, 어떻게 삶을 마무리할 것인가에 대한 결정까지 포함한다. 이는 바로 헌법이 보장하는 자기 결정권의 핵심이자, 인간 존엄의 본질과 직결된다.

그동안 나는 토론회에서 '생애 말기 환자의 마지막 인권'을 이야기했고, 〈죽을 권리의 날〉 행사에서는 스스로 결정할 수 있는 죽음이야말로 인간 존엄의 실현임을 강조해왔다.

또한 조력사망을 둘러싼 입법 공백과 형법상 자살방조죄의 문제를 지적하며, 헌법 소원을 제기하기에 이르렀다. 이러한 활동은 생애 마지막 순간까지도 인간으로서 존엄하게 살아갈 권리, 그리고 그 권리를 실현할 수 있도록 제도적 기반을 마련하는 데 목적이 있다.

그러나 현실은 녹록지 않다. 우리나라의 환자들은 스위스와 같은 먼 나라로 떠나야만 조력사망이라는 선택지를 마주할 수 있다. 하지만 열 시간 넘는 비행조차 감당하기 어려운 중증 환자에게 그러한 선택은 사실상 불가능하다.

이러한 구조는 환자의 선택권을 차단하고 있는 것이며, 이는 단지 법적·제도적 결여가 아닌 방치되고 있는 인권의 사각지대라 할 수 있다. 더 이상 환자들이 삶의 마지막을 위해 국경을 넘어야만 하는 상황이 되어서는 안 된다. 우리 사회도 생애 말기 환자들을 위한 더 많은 선택지를 제도화하고, 그 선택이 존중받을 수 있도록 해야 할 책임이 있다.

이 책은 단지 몇 개의 사례를 소개하는 데 그치지 않는다. 조력사망에 대한 논의를 단순한 찬반의 프레임에서 벗어나, 인간 존엄의 실현과 자기 결정권의 확장이라는 관점에서 재조명하게 만든다.

한국 사회에서도 이제 '존엄한 죽음'을 가능하게 하

기 위한 진지한 사회적 논의가 시작되어야 한다. 아직 우리가 가야 할 길은 멀지만, 이 책이 생애 말기 환자의 권리와 선택권을 보장하기 위한 담론의 이정표가 되기를 진심으로 바란다.

　감수자로서, 그리고 존엄한 죽음을 염원하는 시민으로서, 이 책의 뜻을 깊이 지지하며 그 길에 함께하겠다.

감수 **최다혜**
한국존엄사협회 회장

한국 독자분들에게

삶의 마지막을 생각할 때,
지금 삶이 빛납니다!

왜 지구상의 모든 나라가 '자발적 조력사망'을 허용해야 할까요?

'죽음을 위한 여행'이라니! 이 얼마나 끔찍한 표현인가요. 전 세계의 많은 사람들이 감당하기 힘든 고통을 끝내고, 마지막 순간만큼은 인간다운 죽음을 맞이하고 싶어 스위스를 찾습니다. 하지만 애초에 이런 여행이 필요하다는 사실 자체가 얼마나 비인간적인가요.

누구나 자신의 고국에서, 익숙한 집과 가족이 있는 곳에서, 삶의 마지막을 준비하고 싶습니다. 그렇게만 된다면 스위스를 향한 '죽음의 여행'도 멈추게 되겠지요. 그것이 바로, 제가 이 책을 쓴 이유입니다.

이 한 권의 책만으로는 충분하지 않습니다. 우리에게는 더 많은 다큐멘터리가 필요하고, 더 많은 공개적인 대화가 필요합니다. 무엇보다 용기 있는 언론인, 의사, 간호사, 그리고 자신의 마지막을 스스로 결정하고자 하는 용기 있는 환자들이 필요합니다.

머지않아 베이비붐 세대가 초고령기에 접어들게 됩니다. 젊은 세대가 감당해야 할 돌봄의 무게는 생각보다 훨씬 클 것이며, 현실적으로 감당하기 어려울 수도 있지요.

이제 우리는 죽음에 대해 이야기해야 합니다. 누군가가 깊은 숙고 끝에 더 이상 살고 싶지 않다는 결정을 내렸을 때, 우리가 그 선택을 받아들일 수 있을

지에 대해서 말입니다. 평생 자신의 삶을 스스로 선택하며 살아온 사람이라면, 그 마지막 순간 역시 스스로 결정할 수 있어야 합니다.

이 책에는 제가 초기에 품었던 생각들이 오롯이 담겨 있습니다. 그로부터 10년이 넘는 시간이 흘렀지만, 저는 여전히 그 어느 때보다 더 확신합니다. 자발적 조력사망은, 오직 고통만이 남은 삶을 끝맺는 데 있어 가장 아름답고 인간적인 방식일 수 있다는 것을 말이지요.

하지만 언제 어떤 식으로 삶을 마칠지에 대한 선택은 오직 한 사람, 바로 그 삶을 살아온 당사자만이 내릴 수 있어야 합니다.

제가 나누고 싶은 단 하나의 생각은 '절대 굴복하지도, 포기하지도 말라'는 것이지요. 자신이 원하는 방식으로 삶을 마무리할 권리는, 누구에게나 주어진 인간의 기본 권리입니다. 이 권리를 위해 싸우세요. 결국에는 반드시 이루어질 것입니다.

삶이 그러하듯, 죽음 또한 삶의 한 부분입니다. 그래서 우리가 죽음을 생각할 때, 지금 삶이 더욱 빛납니다. 이제 우리는 좋은 죽음을 이야기할 수 있어야 합니다.

스위스 작은 마을의 의사가 쓴 책, 《Dad, you are allowed to die》를 발견하여, 한국에서 출판할 수 있도록 애써준 박정례 님께 진심으로 감사드립니다.

이 책이 한국, 더 나아가 아시아 사회에서 '자발적 조력사망'에 대한 논의의 물꼬를 트는 작은 시작이 되기를 바랍니다.

저자 **에리카 프라이지히**
가정의학과 의사, 라이프서클협회 회장

나의 아버지

 지나가는 사람들의 다리가 겨우 보이는 작은 반지하방 창문이 갑자기 어두워진다. 태풍이 몰아쳐 폭우가 유리창을 마구 두들긴다. 흙탕물이 마치 방 안을 엿보려는 듯 창문으로 튀어 오른다. 그것도 잠시 유리창에 붙었다 가차 없이 씻겨 내려간다. 자연의 힘이 분노로 들끓는 듯하다. 우리가 죄를 지은 걸까?

 아버지가 돌아가셨다. 소파에 편안히 누워. 긴 세월 수많은 시련으로 깊이 주름진 아버지의 얼굴은 이제 고요한 평화를 담고 있다. 죽음의 순간, 머리를 넌 베개도 아버지가 좋아하시던 것으로 직접 고르셨다.

갈기를 휘날리며 힘차게 달리는 흰 종마가 그려져 있다. 아버지는 폭풍이 시작될 무렵 돌아가셨다. 스스로의 자유 의지에서 비롯한 자율적인 죽음이었다. 아버지의 가장 간절한 소망이, 마침내 이루어졌다.

그리고 아버지의 딸이자 의사인 내가 아버지께서 그토록 간절히 원했던 죽음을 실현하실 수 있도록 도왔다. 생명을 지키기 위해 무슨 일이든 해야 하는 것이 의사로서 본분이었음에도 불구하고, 나는 처음으로 누군가 자기 생을 마감하는 과정을 도왔다.

아버지 혼자서는 '조력사망조력자살 또는 동행자살이라는 표현은 최근에는 조력사망(Assisted dying)이라는 용어로 대체되어 사용하고 있다. 조력사망은 생명 종결의 최종 행위를 의사가 직접 하지 않고, 환자 스스로 생명을 종결하기 때문에 본질적으로 자살에 해당될 수 있다. 하지만 조력사망의 허용 대상을 특정 질병에 국한하거나, 사기(死期)에 임박하고 현대 의학으로 육체적·정신적 고통이 참을 수 없는 정도에 이르는 경우로 한정하고 있다. 이러한 엄격한 요건으로 인해 일반적인 자살과는 명확히 구분된다' 시행 기관인 디그니타스1998년 루드비히 미넬리가 설립한 스위스의 조력사망 시행 단체다. '존엄한 삶과 존엄한 죽음(To live with dignity-to die with dignity)'이라는 사명 아래, 생명 종기(End-of-life) 문제를 다룬다. http://www.dignitas.ch에 연락하지 못했을 것이다. 하지만 그 순간에도 나는 이 일이 나의 미래를 완전히 뒤바꾸어놓을 줄은 꿈에도 몰랐다.

앞으로 맞닥뜨려야 할 일에 대한 두려움과 불안이 아버지를 떠나보낸 슬픔과 뒤섞인다. 주의를 딴 데로 돌려보려고 아버지께서 마지막 숨을 거둔 작은 방 안을 천천히 둘러본다. 소박한 이 방이 아버지의 마지막 4년간을 평범하지만 따뜻하고, 사랑이 넘치는 안식처가 되어 주었다. 이곳에서 아버지는 딸과 세 손자, 그리고 연인과 함께 다시 한 번 충만한 삶을 누렸다.

네 평 남짓한 작은 방 한쪽에 아버지가 생전에 자주 손님을 맞이하던 탁자와 의자가 보인다. 바로 옆 책장에는 독일 문학과 유명 화가들의 작품집 사이로,

천주교 사제이자 기독교 신학자 한스 큉의 저서를 비롯한 수많은 종교 서적들이 빼곡히 꽂혀 있다. 맞은편 소파에는 아버지께서 황홀한 꿈속을 여행하듯, 언제라도 일어날 것처럼 평온히 누워 계신다.

하지만 꿈에서 깨어나 현실로 돌아온 건 다름 아닌 나다. 디그니타스 직원의 목소리가 끼어든다.

"이제 경찰에 알려도 될까요?"

"아니요, 잠시만요. 조금만 시간을 주세요."

들려오는 목소리가 마치 내 목소리가 아닌 것 같다. 생각은 다시 아버지를 향한다. 무엇보다 아버지께서 잠에서 깨어나기를 바라는 마음이 샘솟는다.

'눈처럼 흰 수염과 곱슬머리, 거친 바위처럼 주름진 얼굴'이라는 시구가 뇌리를 스친다. 아버지는 81세의 연세에도 가족 모임 때마다 19세기 독일 시인 에른스트 폰 빌덴브루흐가 쓴 44절 시 〈잉카의 딸 The Inca's Daughter〉의 한 부분을 낭송하곤 하셨다. 이제 아버지의 백발과 흰 수염도 베개에 그려진 백마의 흰 갈기와 뒤섞여 마치 허공으로 날아가 버리려는 듯 보인다.

아버지께서 영면에 들기 직전, 운명의 시험을 마주한 채 재빨리 들이킨 레드 와인이 아직 탁자 위에 놓여 있다. 아버지는 쓰디쓴 죽음의 묘약을 단번에 삼키고 나서 주먹으로 탁자를 내리치며 "와인!"이라고 외치셨다. 그리고 나서는 부드럽게, 너무나도 부드럽고 평화롭게, 내 어깨에 기대어 잠드셨다. 영원히.

엄청난 폭우가 다시 작은 창문을 두드린다. 후드득후드득, 주르륵주르륵, 빗방울은 창을 따라 흐르고 내 두 뺨에는 별안간 눈물이 왈칵 쏟아진다. 재빨리 눈물을 닦는다. 강해져야 한다. 경찰은 아버지를 잃은 내 슬픔에는 관심이 없을 것이다. 태풍은 언제고 다시 몰아치겠지만, 아버지는 다시 돌아올 수 없다.

15g 용량의 SP는 의심할 나위 없는 치사량이다. SP를 복용하면 깊은 수면 상태에서 호흡이 마비되면서 산소 부족으로 심장과 두뇌가 기능을 멈춘다. 이것

이 조력사망 기관 디그니타스의 설명이며, 내가 가장 사랑하는 아버지에게 닥친 현실이다.

나는 진실로 원했다. 아버지께서 자연스러운 죽음을 맞이할 때까지 우리 집에서 보살펴드릴 수 있기를! 그러나 아버지는 간병이 필요한 상황을 원치 않으셨으며, 항상 당신 삶의 결정을 당신 스스로 내리고 싶어 하셨다. 1964년 어머니께서 돌아가신 후 아버지의 가장 큰 소원은 늘 저세상에서 어머니와 재회하는 것이었다.

아버지는 평생 말씀하셨다.

"인생은 짧고, 너덜너덜해진 어린애 옷 같은 거야."

하지만 틀렸다. 그분의 인생은 '길고도 너덜너덜'했다. 사랑하는 첫 아내가 서른여섯에 일곱째 아이를 낳다가 뇌출혈로 세상을 떠났다.

어머니가 돌아가시고 얼마 지나지 않아, 아버지는 산속으로 캠핑을 가 일곱 아이와 차박을 하기로 결심하셨다. 이전에도 자주 있었던 일이었다. 어린 시절,

주말에 산속에서 아버지와 뛰노는 것만큼 즐거운 일은 없었다. 모닥불을 피워 놓고 소시지를 구워 먹다가 차에서 잠들고, 다음 날 아침 새들의 지저귐에 깨어나 종일 숲속에서 '늑대와 아기 양' 놀이를 했다. 한 명이 늑대가 되고 나머지는 앞 사람의 엉덩이를 잡아 아기 양 기차를 만들었다. 그러면 늑대는 기차의 꼬리가 된 양을 잡아야 했다.

그런데 그날, 아버지께서 유독 숲속으로 챙겨 가신 '도구'가 두 개 있었다. 하나는 길게 뻗은 고무호스였고, 다른 하나는 총알이 장전된 소총이었다. 고무호스를 악기로 쓰거나 소총으로 우리를 보호하려던 것이 아님은 분명했다.

오히려 그 반대였다. 아버지는 가족들과 함께 조용히 세상과 이별하려 했던 것이다. 우리가 잠들기를 기다려, 바로 고무호스로 차에 배기가스를 채울 계획이었다. 그리고 일곱 아이가 모두 숨이 멎은 것을 확인한 후, 총으로 자살해 아홉 식구가 모두 저세상에서 다시 재회할 심산이었다.

양심의 가책에 시달리던 아버지는 잠자리에 든 아이들에게 모두 엄마에게 가는 것에 동의하냐고 물었다.

그때 한 동생이 말했다.

"아빠, 근데 엄마는 이제 구름 너머에 살잖아. 거긴 너무 컴컴하고 추워. 난 새들이 지저귀는 숲속이 좋아."

아버지는 결국, 그 계획을 실행에 옮기지 않으셨다. 나중에 아버지께서 이 결정적 밤에 대해 하셨던 말씀이 지금도 생생하게 들리는 것 같다. 그렇게 아버지와 나는 함께 길고 긴 고통의 길에 들어섰다.

아버지의 반복되는 자살 충동, 그리고 그것을 막으려는 나의 노력이 계속 이어졌다.

"내 생명 보험금이 **빵빵해**."

어느 토요일, 아버지는 뜬금없이 내게 말씀하셨다.

"내 계획은 차로 아거 호수까지 가는 거야. 그런 다음 호수 한가운데로 헤엄쳐 가다 보면 아마 심장에 이상이 생기겠지. 하지만 그땐 이미 다시 돌아오기엔 너무 늦을 거야. 사고사처럼 보일 테니 보험사도 보험금을 지급해줄 거고, 그 돈이면 너희 모두 풍족하게 살 수 있어."

나는 아버지께 제발 집으로 돌아와달라고 애원했고, 주말 내내 아버지가 무사히 돌아오길 애타게 기다려야 했다.

아버지는 내게 세상 전부였다. 아버지를 잃을지도 모른다는 두려움에 얼마나 괴로워했던가. 제발 떠나지 말라고 아버지께 얼마나 애원했던가……. 결국 아버지는 자살을 시도하지 않으셨고, 장애와 노환으로 힘겨운 여든둘의 나이에 이르러서야 나는 아버지의 오랜 염원을 이루어드리기로 했다. 아버지의 자발적 조력사망을 돕기로 마음먹은 것이다.

우측 팔다리 마비는 문제가 되지 않았다. 마비 증상은 4년 전 첫 뇌졸중 때부터 있었다. 마비 장애는 삶의 질을 많이 떨어뜨리지도 않았으며, 아버지를 무너뜨리지도 못했다.

"걸을 수 없으면 승마를 배우면 되지."

이것이 장애를 대하는 아버지의 태도였고, 우리는 진짜 승마학교를 찾아갔다. 몇 군데서 거절당했지만 그때마다 아버지는 흔들림 없이 굳건하셨다.

"저분 제정신이 아니에요!"

이런 말을 수도 없이 들었다.

"여든의 나이에 승마를 배우고 싶어 하는데 의사라는 분이 그걸 부추기다니, 너무 무책임하지 않나요? 저렇게 연세 많고 부분 마비까지 있는 분이 말에서 떨어지면 무슨 일이 벌어질지 생각 좀 해보세요."

하지만 우연히 찾아낸 라이나흐에 있는 포니-호프 경주마 훈련소가 마침내 우리를 따뜻하게 받아 주었다. 나는 강아지를 산책시키다 우연히 이 장애아 대상

승마학교를 발견했다. 이곳에서는 경사로와 단상이 갖춰져 있어, 한쪽 다리를 절뚝거리는 성인도 큰 어려움 없이 스스로 조랑말에 올라탈 수 있었다.

무엇보다 이 승마학교의 가장 큰 장점은 성인도 탈 수 있는 대형 조랑말이 있다는 점이었다. 아버지는 식욕이 왕성한 데다 좋은 와인을 탐하기도 했고, 독한 진의 일종인 슈냅스와 커피를 섞은 칵테일도 즐겼다. 당연히 체중도 제법 나갔기 때문에, 아버지를 태우고 숲길을 통해 라이나흐에서 당시 아버지가 살고 계신 오베르빌까지 5km를 달릴 수 있는 조랑말은 그리 많지 않았다.

2004년 11월 2차 뇌졸중이 오기 전까지 아버지는 일주일에 두 번 트램노면 전차을 타고 라이나흐로 가서, 조랑말을 타고 오베르빌로 돌아오곤 했다. 아버지의 미니어처 핀셔 반려견 보물이와 우리 아이들도 조랑말을 타고 함께 왔다. 그때 나는 아이들과 즐거운 대화가 아버지께 도움이 됐다. 아이들에게 인정받는 기분도 느꼈고, 상쾌한 공기를 마시며 즐겁게 운동도 했기 때문이다.

나중에는 아이들이 할아버지의 조랑말을 라이나흐까지 데려다주었다. 이렇게 혼자 나들이를 할 수 있었던 데다 친구들도 자주 찾아왔기 때문에, 아버지는 장애에도 불구하고 만족스러운 삶의 질을 유지할 수 있었다.

그렇게 우리 집 아래층 작은 방에서 나와 내 파트너 그리고 세 손자와 함께 지내던 4년 동안, 아버지는 한 번도 삶을 끝내고 싶은 의지를 내비친 적이 없었다. 더욱이 한 할머니와 사귀면서 점점 싹트는 사랑도 아버지에게 새로운 즐거움이었다.

그러다 찾아온 2차 뇌졸중이 아버지에게서 말을 빼앗아 갔다. 처음에는 아버지의 편측 마비가 많이 악화하지 않아 다행이라고 생각했다. 하지만 글이나 수

어를 포함해 모든 언어 표현이 불가능한 실어증이야말로 아버지께 최악의 상황임이 곧 자명해졌다.

6개월에 걸친 집중 언어 치료에도 불구하고 아버지는 정확한 말을 구사하지 못했다. 아니라고 말하고 싶은데 고개를 끄덕일 때도 있었다. 그럴 때면 좁은 우리에 갇힌 고통스러운 사자처럼 절망 속에 부르짖었으며, 그 큰 주먹으로 머리를 때리기도 했다. 그러면 나는 적어도 아버지께서 고개를 끄덕였지만, 의도는 정반대였다는 것은 알 수 있었다. 그러나 괴로워하는 아버지를 보고만 있기가 견딜 수 없이 힘들어져 갔다.

나는 2005년 3월 28일 아침의 일을 생생히 기억한다. 아버지는 평소처럼 일어나지 않으셨다. 열 시가 넘어서까지 기척이 없었고, 카나리아 두 마리가 아버지의 새장으로 날아들어 오곤 하던 작은 창문도 굳게 닫혀 있었다.

열한 시쯤 아버지 방으로 들어간 순간, 충격에 휩

싸였다. 탁자 위, 방바닥, 소파 베드까지……. 여기저기 빈 약통이 널브러져 있었다. 내가 40년간 두려워한 바로 그 일이 눈앞에서 벌어지고 있었다. 아버지께서 자살을 시도하신 것이다. 아버지는 집에 있는 약을 모두 다 섞어서 입에 털어 넣으셨다. 빈 와인병 두 개만이 그 일의 증인처럼 탁자 위에 우두커니 놓여 있었다. 상당한 양의 술로 그 많은 알약을 삼키신 것이 분명했다.

구급차를 부를까? 몇 번째인지도 모르는 아버지의 자살 충동을 또다시 외면하는 건가?

"그래, 이번엔 아니야!"

내 마음은 이렇게 외쳤다. 여든둘의 나이로 중증 장애에 시달리는 아버지의 간절한 소망을 또 외면할 수는 없었다. 나는 무슨 일이 있어도 생명을 지키기로 맹세한 의사다. 내가 의사라는 직업을 선택한 이유도 지금 내 앞에 의식을 잃고, 그러나 아직 숨쉬며 누워 있는 아버지를 기쁘게 하기 위해서였다. 현재 아버지는 전문 용어로 '자살 목적의 약물 과다 복용' 상태였다. 의사인 나는 무엇을 해야 하는지 알고 있었다. 그러나 알면서도, 나는 하지 않았다.

그렇게 아버지는 2박 3일 동안 혼수상태에 빠졌고, 나는 자살 시도를 암시하는 모든 증거를 없앴다. 친구나 지인들은 아버지의 뇌졸중이 재발했다고 생각했다. 그런데 사흘째 되는 날 저녁이었다. 아이들이 이미 다 잠들었을 때, 아래층에서 익숙한 고함소리가 들렸다. 우리에 갇혀 절망 속에 고통받는 사자의 울부짖음이었다. 아래층으로 달려가니 아버지께서 통탄스러운 눈으로 나를 바라보며 겨우 한 단어를 힘겹게 내뱉었다.

"왜?"

이 '왜'라는 단어는 내게 깊은 인상을 남겼다. 그때부터 얼마나 많이 자문했던가?

"도대체 왜 이래야만 하는가? 왜 사람이 이토록 고

통받아야 하는가? 왜 아버지는 아무리 간절히 원해도 세상을 떠날 수 없는가?"

바로 이 '왜'라는 절망스러운 질문이, 나를 엑시트_{디그니타스와 같은 조력사망 시행 단체로, 인간의 자기 결정권을 옹호하고 생명 종기(End-of-life) 케어를 제공한다. https://www.exit.ch}로 이끌었다. 아버지의 경우도 조력사망 조건에 부합하는지 엑시트에 문의해보기로 결심한 것도 그때였다.

"안 됩니다!"

돌아온 답변은 차갑고 단호했다. 전화를 받은 직원은 친절했지만, 규정상 어쩔 수 없다고 말했다. 아버지가 당장 엑시트에 가입해 회비를 납부하더라도 빨라야 6개월 후에나 '의료조력사_{의료조력사(Physician Assisted Dearth)란 자발적 조력사망과 마찬가지로 의료인이 처방하는 치사량의 약물을 환자 스스로 복용 또는 투여함으로써 환자 자신이 죽음의 시간, 장소, 방법을 스스로 결정하여 죽음에 이르는 것을 말한다. 의료조력사는 용어에서 알 수 있듯 조력의 주체가 의사나 전문 간호사 등 의료인이다}'를 신청할 수 있다는 것이었다.

아버지는 상당히 회복하셔서 아무것도 모르고 해맑게 까부는 장난꾸러기 친구 미니어처 핀셔와 산책할 수도 있었지만, 아버지를 6개월이라는 오랜 시간 동안 더 기다리게 할 수는 없었다.

아버지가 혼수상태에서 깨어난 바로 다음 날, 나는 아버지의 침대 협탁에 놓인 기차 사진 한 장을 봤다. 아버지는 종종 앉아서 그 사진을 물끄러미 바라보셨다. 나는 별생각 없이 다시 한 번 빙하 특급 기차를 타고 여행을 가고 싶으시냐고 물었다. 삶에 너무 지쳐 버린 아버지는 분개한 한숨을 내쉬며 꽉 쥔 주먹으로 다른 손을 세게 내리쳤다.

아버지는 뻣뻣하게 뻗은 집게손가락으로 사진을 거칠게 치더니 두 손으로 목을 움켜쥐고 조르기 시작했다. 나는 충격으로 새하얗게 질렸다. 아버지는 기차에 몸을 던져, 더는 아무짝에도 쓸모없어진 육신에 갇힌 당신의 암울한 존재를 끝내고 싶었던 것이다.

정신과 의사를 불러야 하나? 하지만 아버지는 분

명 그를 당장 내쫓았을 것이다. 나는 아버지를 너무 잘 알았다. 아버지는 정신과 의사를 신뢰하지 않았고, 지금은 말조차 할 수 없는 상태였다.

어떤 기관사가 삶의 의지를 잃고 뛰어든 노인을 치는 끔찍한 경험을 할지도 모른다는 생각, 자칫 잘못하면 원하는 죽음이 아닌 치명적 부상으로 이어질지도 모른다는 생각 때문에 잠을 잘 수 없었다. 이런 생각으로 속을 태우던 나는, 자기 결정에 따른 죽음을 지원하는 스위스의 다른 기관인 디그니타스에도 엑시트와 같은 규정이 있는지 문의해보기로 결심했다.

디그니타스는 조력사망 신청을 위한 최소 회원 가입 기간이 없으며, 조력사망은 오직 상담 의사의 결정에 따라 이루어진다는 말에 얼마나 안도했는지 모른다. 하지만 이 고비를 넘기자 다른 문제에 봉착했다. 아버지의 죽고자 하는 의지를 이해하고 존중하는 의사를 찾아야 할지, 아니면 내가 직접 아버지를 상담해

치사량의 SP를 처방할지 결정해야 했다. 과연 딸이 직접 아버지의 조력사망에 필요한 상담 보고서와 처방전을 쓸 수 있을까? 그래도 되는 걸까?

나는 양심의 가책으로 고통스러운 시간을 보낼 수밖에 없었다. 그럼에도 불구하고, 스스로에게 상담 보고서와 처방전을 직접 쓰라고 밀어붙이고 싶었다. 그게 유일한 방법 같았다.

친한 동료 빌 박사에게 이런 힘든 속사정을 털어놓았더니, 놀랍게도 그가 직접 아버지와 상담하여 완화치료 상태는 물론 우울증 여부까지 확인해주겠다고 나섰다. 또한 케이스가 적합하다면 처방전과 상담 보고서까지 써주겠다고 약속했다. '하나님, 감사합니다!' 그 순간만큼은 어쩌면 이 일이 '죄'가 될지도 모른다는 걱정까지 까맣게 잊었다.

다음 달에 빌 박사는 한 시간 넘게 총 세 번 아버지와 면담했는데, 아버지는 몸짓으로 의사를 대부분 명확하게 표현하셨다. 두 번째 상담 후, 빌 박사는 상담 보고서와 처방전을 쓰는 데 동의한다고 말했다. 내 안에 공포와 실망이 동시에 일었다. 빌 박사가 나 대신 책임지고 안 된다는 판단을 내려주길 바랐던 걸까? 결국 나는 디그니타스에 조력사망 일정을 잡아줄 것을 요청했다.

큰아들이 5월 1일 주일에 견진 성사를 받을 예정이었고, 이날 이후 아버지가 결정을 재고할 수 있는 시간은 단 하루뿐이었다. 다시 말해 조력사망 일정은 2005년 5월 3일로 잠정 결정됐다. 5월 2일 저녁, 빌 박사는 3차 상담을 위해 집으로 방문했다. 그는 한 시간 이상 머물렀는데, '두 사람이 저 아래에서 어떤 얘기를 나누고 있을까' 궁금했다. 3차 상담 후 빌 박사는 아버지를 떠나게 해드리는 것이 옳다고 전적으로 확신했다.

그 당시 나를 짓누르던 자기 의심을 떨쳐내도록 도와준 빌 박사에게 얼마나 고마웠는지 모른다. 아버지의 '조력사조력사(Death)보다 사망(Dying)이라는 표현이 자주 사용되기도 하는데, 이는 '사망'이 단순히 죽음(Death)이라는 결과보다는 죽어가는 과정에서의 고통을 덜어주는 것에 초점을 두기 때문이다. 즉 '사(Death)'가 죽음 그 자체를 의미한다면, '사망(Dying)'은 그 죽음에 이르는 고통의 시간과 그 완화를 포함한 과정적 의미를 내포하고 있어, 조력사망이라는 표현이 사용된다'에 '청신호Green light는 디그니타스와 협력하는 스위스 의사가 조력사망을 원하는 신청자의 조건을 검토하여 내리는 승인 판단으로, '스위스에 오면 조력사망이 가능하다'는 의미다. 사전 승인을 위해서는 진단서, 병의 진행 경과, 주치의의 소견서 및 환자의 자기 의사 등을 종합적으로 판단한다'를 밝히기 위한 책임을 나 혼자 지지 않아도 된다는 사실에, 무한한 안도감을 느꼈다.

이제 모두 끝났다. 의심의 시간도 아들의 견진 성사도 끝났다. 할아버지가 아니었다면 수줍어서 망설였을 아들은 휠체어를 타고 가장 앞줄에서 보고 계신 할아버지만을 위해 연설을 했다. 저녁 식사도 마무리 됐다. 도착이 조금 늦어, 아버지가 오셨을 때는 이미 애피타이저를 먹은 후였다. 어디에 앉고 싶으시냐고 물으니, 아버지는 뻣뻣한 팔로 천장을 가리키며 말씀하셨다.

"저기, 하늘에. 하늘!"

역시 아버지다웠다. 절묘한 순간, 이런 절묘한 단어를 말하시다니. 가족들은 모두 진심으로 웃었지만 나는 안간힘으로 눈물을 참았다. 이틀 후면 아버지가 진짜 저 하늘에 가신다는 것은 나와 형제 한 명만 알고 있었기 때문이다.

견진 성사 축하 식사 장소로 아들은 란스크론 유적 아래 있는 할아버지가 좋아하는 예거슈튀블리 식당을 골랐다. 할아버지를 위해서라면 뭐든 하는 손자였다. 아버지의 몸짓을 해석해서 무엇을 원하는지 바로 알아내는 사람도 손자였다. 아이는 내가 미처 알아채기도 전에, 아버지가 무력감에 또 소리를 지르기 전에 할아버지의 의중을 알아차렸다.

사실 아버지가 혼수상태에서 깨어나던 그날 저녁, 큰아들은 곧 할아버지를 잃게 될 것을 알게 됐다. 그날 밤, 아이는 무슨 이유에서인지 잠들지 못하고 있었다. 나는 이전부터 엑시트와 자기 결정에 따른 조력사망에 관해 알고 있었다. 그래서 아버지께 끔찍한 자살 대신 좀 더 인간적인 방법을 찾아보겠다고 약속했다. 아버지와의 대화를 마치고 계단을 올라오던 중, 웅크리고 앉아 있던 아이에게 걸려 넘어질 뻔했다. 아버지와의 대화를 모두 듣고 있었던 것이다.

우리는 오랫동안 아무 말 없이 서로를 바라봤다. 그런 상황에서 엄마로서 무슨 말을 할 수 있을까? 아이는 눈물을 흘리며 말했다.

"엄마, 할아버지가 돌아가시게 되면 꼭 얘기해주기로 약속해요. 꼭 돌아가시기 전에 알고 싶어요. 안 그러면 어느 날 갑자기 할아버지가 사라질까 봐 오늘부터 두려움 속에 살 것 같아요."

이렇게 해서 손자도 할아버지의 계획을 알게 됐다. 정확한 날짜만 모를 뿐.

견진 성사 다음 날이 됐고, 여전히 죽기로 한 아버

지의 결심은 확고했다. 그날 저녁 아들에게 아버지의 결심을 알렸다. 당시 열여섯 살이던 아들이 그날 밤 무슨 생각을 했는지, 나는 지금까지도 알 수 없다.

아침이 되자 아이는 학교에 가기 전 할아버지와 작별 인사를 하고 싶다고 했다. 아이가 슬픔을 못 이겨 학교에 가지 않으려 할 줄 알았는데 예상과 전혀 달랐다. 아버지 방에서 올라왔을 때는 놀랍도록 침착하고 차분했다.

아버지는 손자에게 죽음에 대한 당신의 확고한 의지를 보여주셨던 것 같다. 아이는 열네 살이던 여동생을 불러 꼭 내려가서 할아버지께 인사를 드리라고 했다. 딸아이도 아들과 마찬가지로 충만하고 즐거운 표정으로 인사하고 올라왔다. 아버지는 한마디 말도 내뱉기 힘드셨지만, 몸짓만으로도 얼마나 기쁜지를 표현했던 것이다.

2005년 5월 3일 아침은 눈부시게 화창했다. 하지만 오후에는 폭풍우를 예보하고 있었다. 세 아이 모두 밝은 모습으로 등교한 것이 놀라웠다. 늦은 오후 학교에서 돌아올 때쯤이면 할아버지는 마지막 소원을 이루셨을 것이다. 이웃에서 우리 집 사정을 알고 아이들에게 점심을 주기로 했다.

이제 내가 아버지를 뵈러 가야 할 차례였다. 아버지의 눈은 빛나고 있었다. 창을 통해 쏟아져 들어와, 방 안 가득 찬 어둠을 따뜻한 황금빛으로 바꿔 준 그날의 햇살처럼 밝게 빛났다. 아버지의 형제가 지난날 만들어준 아르가우 주 합스부르크 성 자수가 마치 아버지의 행복한 어린 시절을 잊지 않으려는 듯 소파 위에서 은빛으로 빛났다.

나는 아버지 옆에 앉아 어깨에 깊숙이 기댔다. 아버지는 긴 흰 수염이 떨릴 정도로 활짝 웃으셨다. 만약 할 수만 있었다면, 이렇게 말씀하셨을 것이다.

"행복하냐고 물어봐 줘."

우리에게 무언가 말해주고 싶은 것이 있을 때면 아버지는 늘 반대로 질문을 유도하곤 했다. 그래서 나는 물었다.

"행복하세요?"

아버지의 눈이 반짝 빛났다. 형언할 수 없는 흡족감이 아버지의 얼굴에 번져 나왔다.

"오늘 1시에 빌 박사가 다시 오는 것 알고 계시죠? 디그니타스 직원도 함께 올 거예요. 오늘이 바로 그날이에요, 아버지께서 결정하신 그날이요."

아버지는 내 손을 꼭 움켜쥐셨다. 크고 강인하면서도 부드러웠다. 떨리는 내 손을 입으로 가져가 사랑을 담아 따뜻하게 입맞추셨다. 나는 눈처럼 하얗고 부드러운 아버지의 머리를 잠시 쓰다듬었다.

"아침 식사를 가져올게요."

급히 방을 나왔다. 아버지께 우는 모습을 보이고 싶지 않았다. 어떻게 아이들이 나보다 더 용감한지……. 아이들은 할아버지를 무척 사랑했지만, 그럼에도 그분의 마지막 여정을 나보다 훨씬 담담하게 받아들이고 있었다. 이 순간이 오기까지의 한 달은 나에게 악몽과도 같았다. 슬픔, 공포, 양심의 가책이 끊임없이 따라다녔다. 그리고 마침내, 그날이 왔다. 5월 3일, 아버지가 세상을 떠나기로 한 날이다.

빌 박사는 일찍 도착해 다시 한 번 오랫동안 아래층에 머물렀다. 그의 마음씀씀이 정말 고마웠다. 빌 박사가 나를 위로했다.

"옳은 일을 하는 거예요. 자책하지 마세요. 아버지는 떠나기를 원하시고 기뻐하고 계세요. 죽음은 고사하고, 더 큰 장애만 갖게 될지도 모르는 뇌졸중이 또 찾아오는 건 시간문제예요."

카망베르, 로크포르, 고르곤졸라 세 가지 치즈에 포도와 토마토, 견과류를 곁들여 레드 와인과 함께 가져갔다. 아버지께서 가장 좋아하시는 음식을 마지막 점심 식사로 가져가니, 아버지는 기뻐하며 다리를 '탁'

쳤다. 하지만 잔을 반만 채운 와인은 달가워하지 않으며 와인병에 손을 뻗으셨다.

"안 돼요, 디그니타스 직원이 최대 반잔을 어기면 조력사망은 불가하다고 했어요."

취한 사람은 판단력 장애 문제로 조력사망을 허가할 수 없다. 나는 아버지 옆에 앉아 건배했다. 무엇을 위해? 1964년 어머니께서 돌아가신 후 나 때문에 41년간 미루어 온, 아버지의 소원 성취를 위해?

눈 깜짝할 사이에 시간이 지나갔다. 너무 빨리 1시가 됐다. 날카로운 초인종 소리가 아버지와 나, 단둘만의 마지막 순간을 방해했다. 평소에는 너무 작게 들려 놓치기 일쑤였던 초인종 소리가, 오늘은 아버지와의 마지막 시간을 깨뜨리듯 날카롭게 울렸다.

'그럴 리가 없어', 현관에는 서부 영화의 전설적인 총잡이 버펄로 빌 코디 역을 맡아도 될 법한 40대 중반의 남자가 서 있었다. 볼이 푹 꺼진 마른 얼굴에는 거친 턱수염이 자라고 있었고, 머리는 길고 지저분해

첫인상이 단정하지 못했다. 지독한 입냄새로 보아, 골초인 듯했다. 아버지와 너무도 다른 사람이었다. 아버지가 그 직원을 봤다면 틀림없이 쫓아낼 것 같았다. 30년 전까지 골초셨고 머리도 길었던 분이, 희한하게 흡연자나 장발 남자는 극도로 혐오했다.

론씨는 친절하고 다정한 말투로 디그니타스 자살 상담원이라고 인사한 후, 아버지 옆에 앉아 어깨를 부드럽게 감싸안았다. 그 순간, '일이 잘 안 풀리겠어' 하는 생각이 뇌리를 스쳤다. 아버지가 가장 싫어하는 행동이었기 때문이다. 너무 성급했고, 지나치게 가까이 다가갔으며, 퀴퀴한 담배 냄새까지 풍겼으니 말이다. 아버지는 살짝 옆으로 비켜 앉더니 오랫동안 론씨를 주시했다.

"말씀 못하시는 걸 알아요. 그래도 충분히 소통할 수 있을 겁니다."

론씨는 아버지를 달래듯 말하고 나서, 다행히 바로 일어섰다. 두 사람은 몇 가지 문서에 서명하기 위해 함께 탁자에 앉았다. 아버지는 꽤 많은 질문을 받아야 했고, 그중에는 참을성이 필요할 만큼 세심한 것들도 있었다. 그런데도 차분하고 편안하게 대답하시는 모습을 보고, 나는 내심 놀랐다.

론씨가 질문을 '네' 또는 '아니오'로 대답할 수 있도록 쉽게 바꿔 주었고, 아버지께서 고개나 손짓으로도 답할 수 있게 도와주었기 때문이다. 아버지는 그 아슬아슬한 순간을 무사히 넘기셨다.

나는 안도했다. 론씨는 이런 상황에서 사람들을 상대한 경험이 많았던 것이다. 그는 충분히 시간을 들였다. 모든 것을 아주 자세히 설명했고, 아버지가 다 이해하셨는지 매번 확인했다. 서부 영화 주인공 버펄로 빌은 사라지고, 그 자리에 놀랍도록 강단 있고 사려 깊은 조력사망 상담원이 있었다. 그의 차분하고 삼가는 태도를, 나는 점점 감탄하며 바라봤다.

2시가 되자 아버지는 구토 예방용 메토클로프라미드 성분의 페스퍼틴을 복용했다. 20분 후, 론씨는 소량의 물에 하얀 가루약을 탔다. 론씨는 아버지께 완전히 준비되면 "나는 원합니다."라고 분명히 말해야 한다고 사전에 고지했다. 나는 "안 돼! 이건 협박이야!"라고 외치고 싶었지만, 간신히 참아냈다.

아버지는 다시 한 번 론씨를 오래도록 응시했다. 마치 서로의 눈 속으로 빠져드는 것 같았다.

"나는 원합니다."

견진 성사 축하 식사 날 "하늘에!"라고 외칠 때처럼 크고 또랑또랑한 목소리였다.

론씨는 다시 잔을 들었다. 물처럼 무해해 보이는 투명한 액체가 100mL 정도 담겨 있었다. 아버지는 잔에 손을 뻗어 곧바로 들이켜려 하셨다. 론씨는 예상했다는 듯 잔을 아버지의 손에 닿지 못하게 치웠다.

"안 돼요. 너무 빠릅니다. '나는 원합니다'라는 말을 다시 해주세요."

"나는 원합니다."

그 말은 아버지의 입술에서 흘러나와 더욱 크게 증폭됐다. 마침내 아버지께 잔이 주어졌고, 아버지는 단숨에 그것을 들이켰다. 약속한 대로 약의 쓴맛을 없애기 위해 론씨가 재빠르게 아버지의 입에 초콜릿 한 조각을 집어넣었다. 하지만 아버지는 손에다 초콜릿을 뱉어 버리고 손으로 탁자를 크게 내리치며 소리쳤다.

"와인!"

점심때 드신 와인병이 아직 그 자리에 있었고 아버지는 급히 그 와인을 들이켰다. 마지막으로 아버지는 내 머리를 쓰다듬으며 오랫동안 나를 바라보셨다. 그러고 나서 내 어깨에 손을 올리고 잠드셨다. 아버지의 몸에서 긴장이 점차 사라졌다. 그 순간, 영혼이 육신을 떠나는 느낌이 들었다. 먼저 떠난 두 아내, 루이슬리와 소피를 찾아가는 여정의 시작이었다.

나는 아버지가 이제 창조주로부터 답을 얻으셨을지 궁금하다.

"왜 당신은 일곱 번째 아이 출산 중 아내를 데려가 혼인으로 맺어진 우리의 신성한 연을 끊어놓으셨습니까? 당신께서 전지전능하시고 혼인이 신성하다면, 도대체 왜 그런 일이 벌어지게 하셨습니까?"

무려 41년간 품었던 그 질문에 대한 답을 말이다.

"이제 정말 경찰에 알려야 해요."

론씨의 목소리가 나를 단숨에 현실로 끌어당겼다. 아버지가 잠드신 지 벌써 두 시간이 지났다. 론씨는 당연히 할 일을 해야 한다. 자연사가 아닌 사망을 신고해야 한다. 15분쯤 후, 열여덟 채의 집이 쭉 늘어선 거리 한쪽에 경찰차가 멈춰 섰다. 마치 우연처럼 두 이웃집 사람들이 우리 집 현관 앞에 세워진 경찰차가 잘 보이는 차고 근처로 나왔다. 경찰관 둘이 차에서 내리는데, 그중 한 명은 오랫동안 같은 체육관에 다녀 잘 아는 사람이라 순간 겁이 났다.

난처한 우연이기 때문이었다. 왜 난처할까? 아무튼 그 순간 나의 첫 반응은 난처함이었지만, 실제로는 전혀 난처하지 않았다. 두 사람 모두 매우 친절하고 사려 깊었다.

론씨는 너무 능숙한 모습으로 나를 다시 한 번 놀라게 했다. 마치 조력사망이 흔히 있는 일인 양 필요한 서류를 경찰에 제출했다. 두 경관도 분명 이런 일이 처음은 아닌 것 같았다. 먼저 애도를 표한 후, 미안하다는 말투로 자연사가 아닌 사망은 살인과 같은 절차로 조사해야 하므로 다른 경찰이 몇 명 더 방문할 예정이라고 알려줬다.

아버지를 잃은 첫 충격이 조금 가시자, 이제 나는 잠재적 살인 사건에 휘말려 있었다. 지난 몇 주간 신경이 곤두서 있던 나는 더 이상 이 상황을 감당할 수 없었다. 론씨는 예상했다는 듯이 아버지 방에서 나를 데리고 거실로 나왔다. 탁자에 앉아 차를 마시게 하고 나를 진정시켰다. 그는 모든 것이 중요한 과정이며, 특히 결백을 증명하기 위해서라도 적법한 절차를 따라야 한다고 말했다. 나는 고개를 끄덕였다.

그때 갑자기 아들이 내 앞에 와 앉았다. 할아버지를 보고 싶다고 했다. 아이는 본능적으로 할아버지가 떠났음을 감지한 듯했다. 그때 차가 세 대나 더 도착했다. 주(州) 담당 의사와 검사, 검시관이었다. 여덟 명의 관계자들이 아버지의 작은 방을 가득 채웠다. 이 때문에 아들은 할아버지를 볼 수 없었다.

아이는 할아버지를 영안실로 데려가 함부로 '헤집어' 놓을까 봐 가장 걱정했다. 나는 할아버지께서 부검을 원치 않는다는 의사를 담은 문서에 서명하셨기 때문에, 걱정하지 않아도 된다고 아들을 안심시켰다.

인내심을 가져야 했다. 계단을 올라오는 발소리가 들리기까지가 한세월처럼 느껴졌다. 마침내 법의학자가 조수 두 명과 함께 거실로 들어왔다.

"아버지 '케이스'는 특히 흥미롭군요. 혈관 우회술

에다 심각한 동맥경화, 그리고 두 번의 뇌졸중까지 겪으셔서 부검이 과학적으로 매우 중요합니다. 시신은 빨라도 닷새 후에나 안치할 수 있을 것 같아요."

내가 아들에게 부검은 절대 없을 거라고 장담한 직후에 열여섯 살밖에 안 된 아이 앞에서 그런 말을 한 것이다. 아버지의 의사가 존중될 수 있도록 반대해야 했지만, 순간 극도의 긴장감 때문에 나는 망자처럼 침묵할 수밖에 없었다.

나와 론씨에게 몇 가지 질문을 더 하더니, 30분 내로 시신을 수거해 가겠다는 말을 남기고 갑자기 모두가 떠나려 했다. 그제야 나는 가까스로 거부 의사를 밝혔다. 남동생도 아버지의 마지막 모습을 봐야 하므로 시신은 여기 있어야 했다. 그들은 마치 '아량을 베풀 듯' 예외적 허용이라는 말과 함께 돌아가신 아버지와 두 시간을 더 머물게 해줬다.

다시 고요가 찾아왔고 다행히 경찰차와 함께 우리 집 앞을 점거했던 차들도 모두 사라졌다. 론씨도 떠났다. 이런 어려운 상황을 처리하면서 보여준 그의 차분하고 능숙한 모습이 정말 존경스러웠다. 나는 그가 떠나는 모습을 지켜봤다. 불과 네 시간 전만 해도 낯선 사람이었지만, 내 삶의 가장 힘든 순간을 지탱해준 분이었다.

이제야 아들은 할아버지께 작별 인사를 할 수 있었다. 십 대지만 아직 시신을 직접 본 적 없는 아이였다. 나는 아이의 손을 잡았다. 내 손보다 훨씬 크고 힘이 센 그 손이 어쩐지 힘이 됐다. 나는 아이의 어두운 금발을 부드럽게 쓰다듬으며 함께 할아버지 방으로 내려갔다. 아들은 미소를 띤 채 소파에 누워계신 할아버지 곁에 무릎을 꿇었다. 아이는 울지 않았다.

"그 사람들이 정말 할아버지 몸을 헤집을까요? 못하게 해야 해요. 그러실 수 있잖아요. 엄만 의사니까요."

아이의 눈에 눈물이 그렁그렁했다.

"할아버지는 지금 이 모습 그대로, 평화롭게 떠나셔야 해요. 절대로 부검을 못하게 하겠다고 약속해주세요."

아이는 간청했다. 물론 그렇게 할 것이다. 아이뿐 아니라 아버지를 위해서도.

얼마 후 남동생이 아버지와 작별 인사를 하자마자, 다시 경찰차가 나타났다. 왜 또 왔을까? '살인 사건'을 확실히 조사하지 못한 건가? 이 모든 일을 겪은 우리 가족에게 아직도 평화의 시간이 허락되지 않은 것인가? 당혹스러웠다!

두 경찰관은 영구차에 관을 잘 싣는지 지켜보러 왔다. 그들도 규정을 따를 뿐이지만, 이 상황은 이곳에서 '옳지 못한' 일이 일어났으며 그것이 어쩌면 범죄일지도 모른다는 것을 암시했다.

모든 일이 끝나자 공허함과 '더 이상 추궁당하고 싶지 않다', '아주 오래 저 방문을 열고 싶지 않다'는 마음만 가득했다.

그렇게 나의 아버지 알브레히트 고틀리프 하베거-비겟-푸기는 2005년 5월 3일, 그토록 열망했던 자기결정에 따른 죽음의 의지를 실행에 옮겼다.

그리고 9년이 지난 지금, 이토록 멋진 작별의 방식을 알려준 아버지께 나는 감사한다.

신앙의 문제

　해가 점점 짧아지고 나무도 형형색색으로 옷을 갈아입으면서 힘겨웠던 한 해가 저물어 간다. 2005년 5월 3일 아버지가 돌아가시고, 벌써 몇 달이 지났다. 그나마 세 아이가 집안을 활기로 채워주어 다행스럽다. 아이들이 없었다면 그 백발의 노인을 훨씬 더 그리워했으리라.

　아버지 방에는 싸늘한 침묵만이 가득하다. 방에서는 늘 아버지 혼자 투덜거리는 소리가 들렸다. 지금은 죽은듯이 조용하다.

　얼마 전부터 나는 아버지 방을 정리하기 시작했

다. 형제들이 와서 가져갈 수 있는 것들은 모두 나누어 갔다. 형제들이 아버지의 방에 다시 모인 모습은 적막하고도 슬퍼 보였다.

아버지의 서재에 종교 관련 서적이 그렇게 많다는 사실에 우리는 모두 놀랐다. 그때 나는 깨달았다. 아버지와 함께한 마지막 몇 년간 그의 삶을 강렬하게 지배한 것은 바로 신앙이었다는 것을. 그렇다면 아버지는 죽고자 하는 의지와 자신의 신앙을 어떻게 화해시켰을까?

나 역시 아버지의 자기 결정에 따른 죽음에 동의한 이후로, 줄곧 양심의 가책으로 괴로웠다. 그것은 죄일까?

이 질문이 계속해서 머릿속에 가득하다. 밤이면 뒤숭숭한 악몽에 시달린다. 아이에게 사고가 나는 꿈을 꾸고 화들짝 놀라 깨어난다. 매일 아침 자전거에 올라타 학교로 향하는 아이들에게 아무렇지 않은 듯 인사한다. 하지만 아이들 중 누구 하나 사고가 나, 집으로 돌아오지 못할지도 모른다는 공포가 슬금슬금 파고든다.

부모님은 구세군에서 독실하고 왕성하게 활동하는 신자였다. 유년 시절에는 오랫동안 우리 집에 딸린 큰 홀에서 구세군 집회가 열리기도 했다. 덕분에 우리 형제들은 매우 규칙적으로 주일학교나 다른 종교 행사에 참여할 수 있었다. 나는 특히 주일학교를 좋아했는데, 종종 부모님이 직접 진행하기도 했다.

나무 바닥에서 풍기던 은은한 왁스 향기, 구세군 신자들이 들어올 때 들리던 발걸음 소리, 함께 노래 부를 때 울려 퍼지던 사람들의 목소리……. 나에게는 이 모두가 행복과 충만을 의미했다. 노래 부를 때도 참 좋았다. 지금까지도 마음속으로 구세군 어린이 합창단의 노래를 떠올릴 수 있을 것 같다.

"악마가 널 유혹하려 하면 재빨리 싫다고 외쳐야 해. 끈질기게 너를 상처 입히고 괴롭히더라도, 당장 쫓아내 버려. 멀리, 멀리!"

아이들은 있는 힘껏 크게 "멀리!"라고 소리 질렀다. 바로 그 순간, 악마 그리고 주님께서 내리는 벌에 대한 두려움이 어리고 여린 우리의 영혼에 깊이 새겨졌다.

어머니가 돌아가신 지 1년째 되던 해 성탄절 휴가에서 돌아왔을 때, 참혹한 광경이 우리를 기다리고 있었다. 그리고 모든 것이 달라졌다. 구세군 홀 앞에는 까맣게 타버린 의자와 카펫이 널려 있었고, 출입문과 외벽도 모두 시꺼멓게 그을려 있었다. 형제들과 당시 일곱 살이던 나에게는 정말 끔찍한 광경이었다.

아버지 뒤에서 몸을 숨긴 채 머뭇거리며 홀에 들어섰을 때 우리는 그동안 받아 왔던 '축복'이라는 것의 실체를 알게 됐다. 향기로운 왁스 냄새는 사라졌고, 그 자리에 고약한 나무 탄내만 진동했다. 4m에 달하는 크리스마스트리에 불이 붙자, 당황한 누군가가 불타는 나뭇가지를 뒤흔드는 바람에 트리 전체가 와르

르 쓰러졌다.

오래된 목제 의자에 불이 번지면서 순식간에 주변 모든 것이 불탔다. 홀 전체가 완전히 불타 버렸다. 다행히 홀과 집 사이 방화벽 덕분에 피해는 그 정도에 머물렀지만, 그때를 계기로 아버지는 구세군과의 임차 계약을 파기했다.

이 크리스마스트리 사건으로 인해 우리는 견진 성사를 받게 될 때까지, 한동안 종교와 멀어진 채 지내야 했다.

그런데도 여전히 내 안에 주님께서 내리는 벌에 대한 두려움이 이토록 깊다니, 놀라울 따름이다. 구세군 주일학교에서 보낸 아름다운 지난날은 이미 40년 가까이 흘렀는데, 내 양심 안에 있는 신앙의 목소리는 여전히 나를 괴롭히니 말이다.

스스로 목숨을 끊어도 되는 걸까? 아니면 자기 운명을 신의 뜻으로 받아들여, 나아지리라는 희망이 전혀 없는 절망의 상황에서도 끝내 고통을 감수하고 살아가야만 하는 걸까? 신이 내리는 벌은 정말 실재하는 것일까?

봄은 새들의 노랫소리와 따뜻한 온기로 겨울을 쫓아낸다. 봄기운이 마음을 환하게 한다. 나는 계절 중에서 특히 봄을 좋아한다. 새로운 힘이 나를 가득 채우기 때문이다. 길어진 해, 뜨거워지는 태양, 진료실에서의 값진 노동 덕분에, 우리 가족이 겪은 슬픔을 조금씩 잊어 가고 있다.

아버지께서 치사량의 SP를 복용해 죽음의 세계로 떠난 지 벌써 1년이 지났다. 그런데 지금, 죽음을 간절히 원하는 또 다른 환자가 아직 치유되지 않은 나의 상처 입은 영혼을 다시 무겁게 짓누른다.

2006년 늦은 봄, 나는 휴가를 간 동료를 대신해 86세 노인 환자를 돌보게 됐다. 월터 할아버지의 암은 이미 여러 장기로 전이된 상태였다. 급속도로 쇠약해지면서 점점 더 강한 치료가 필요했다. 자택에 거주하고 있어 할아버지를 돌보는 일은 늙은 아내의 몫이었다.

여느 때와 마찬가지로 환자들이 대기실을 꽉 채운 어느 날 오후, 진료 중이던 나는 월터 할머니의 전화를 받았다. 겁에 질린 할머니는 당장 왕진을 와달라고 부탁했다. 남편이 총으로 자살하려 한다는 것이었다. 어떻게 해야 할까? 환자들을 집으로 돌려보내고 자살 충동에 휩싸인 노인을 구하러, 지금 당장 응급 왕진을 가야 하나?

나는 우선 할아버지를 바꿔달라고 요청했다. 다행히 할아버지가 나와의 통화를 거부하지 않으셨다. 그나마 겨우 설득해서 진료를 마치고 왕진을 갈 때까지는 자살을 시도하지 않겠다는 약속을 받아낼 수 있었다. 나는 그 대가로 총기 자살보다 더 나은 방법을 제시하기로 했다. 그 말에 혹한 월터 할아버지는 간신히 그날 저녁까지는 죽지 않겠다고 약속했다.

총기 사용에 관해서라면 이미 한 번 '심하게 데인' 적이 있다. 1년 전, 중증 정신 질환 환자의 남편이 아내의 병고로 인한 부담을 더 이상 이기지 못하고 마당에서 총기 자살을 시도했다. 관자놀이를 겨냥해 총을 쐈는데 총알이 뇌를 관통했음에도 즉사에 이르는 치명상을 입지는 않았다. 대신 양쪽 시신경이 모두 절단되었으며, 뇌 대동맥 하나가 손상돼 서서히 피를 흘리다 다음 날 사망했다. 부검 결과 발견 직전에 사망한 것으로 보였다.

얼마나 끔찍한 운명인가. 그 남편이 내 환자는 아니었지만, 정신 질환자인 그의 아내에게 왕진을 갈 때마다 사람 좋아 보이고 말이 없던 그 선한 얼굴이 눈에 밟혔다. 그가 그렇게 삶을 마감했다는 것, 내가 그 일을 먼저 예상하지 못했다는 것이 오늘날까지도 가슴을 무겁게 짓누른다.

그래서 이토록 포근하고 햇살 좋은 이른 봄날 저녁, 나는 진료를 마치자마자 월터 할아버지를 만나러 갔다. 내가 갈 때까지는 자살하지 않겠다는 약속을 할아버지가 지키리라 믿었기에, 나는 끔찍한 돌발 상황을 상상하지 않았으며 다행히 그런 일은 일어나지 않았다.

노부부는 조용한 교외의 큰 집에 살고 있었다. 현관 근처에 우뚝 선 전나무에서 진한 송진 냄새가 풍겨왔다. 정성껏 관리된 넓은 정원에는 평온하고 안락한 분위기가 감돌아, 이곳에서 끔찍한 일이 벌어질 것 같은 느낌은 전혀 없었다.

초인종 소리가 정원의 적막을 깼다. 할머니는 내가 오기만을 학수고대하고 있었다는 듯 곧장 문을 열어주었다. 할머니와 침실로 올라가면서 보이는 형형색색의 그림들을 통해, 불교 문화에 심취한 부부의 취향을 알 수 있었다. 그중 가부좌한 부처가 마치 방으로 들어가는 우리의 모습을 지켜보는 것 같았다.

왜소한 몸에 백발의 할머니는 한숨을 내쉬며, 침대에 누운 남편 곁에 앉았다. 서로를 바라보는 긴 시간 동안 죽은듯한 적막만이 가득했다. 태양이 내게 용기를 주려는 듯, 불길한 일은 일어나지 않으리라는 듯, 큰 창 너머로 환하게 웃었다.

월터 할아버지에게 총을 쏴서 확실히 죽는 법을 아느냐고 물을 때, 내 목소리는 가늘게 떨렸다. 그는 이런 질문을 예상했다는 듯 일말의 망설임도 없이 대답했다.

대답은 예상대로였다. 그는 과거에 군부대 장교였다. 그가 택한 방식은 빗나가지 않았다. 사랑하는 아내 앞에서 자살 방법을 묘사하는 할아버지의 냉담한 태도에 나는 몸서리쳤다.

"그럼, 할머니가 총소리를 듣고 방으로 들어온 순간을 상상해보세요. 눈앞에 무엇이 펼쳐질까요? 아내에게 그런 일을 할 수 있으세요?"

나도 냉담하게 물었다. 한참 아내를 바라보던 그의 눈에 눈물이 차올랐다.

"선생, 그것 말고 내가 무엇을 할 수 있겠소? 나는 그저 죽고 싶을 뿐이오!"

할아버지의 목소리는 쇠약해진 육체만큼이나 가냘펐다. 나는 점점 이 부부에게 애착을 느꼈다. 하지만 창문으로 쏟아지는 햇살과 대조되는 어두운 침묵이 다시 방 안을 가득 채웠다. 나는 할아버지에게 총을 사용하지 않기로 약속한다면, 확실하고 고통 없는 방법으로 세상을 떠날 수 있도록 최선을 다하겠다고 약속했다.

내 제안을 수락하면서도 월터 할아버지는 일주일 이내에 상황이 진전되지 않으면, 결국 자살을 감행하겠다며 단호하게 말씀하셨다. 진심이라는 것과 절대 장난이 아니라는 점을 거듭 강조하며. 행복하고 보람된 삶을 살아온 이 노인은, 요양원 한구석에서 죽음의 날만 기다리는 남은 생을 거부했다.

나를 포함해 어느 누구도 그의 결정을 막을 수는 없다. 월터 할아버지는 우울증 환자나 정신병자가 아니며, 삶을 어떻게 마감할지 스스로 결정하고 그 계획을 실행하고자 하는 명철하고 확실한 의지를 갖고 있었다.

돌봄이 점점 더 까다로워지면서 이미 많은 대안을 고려해본 할아버지는 요양원을 이용할 수도 있고, 쉬피텍스 재택 간병 프로그램이나 재택 간병인 지원을 받을 수도 있으며, 우수한 지역 호스피스 기관도 있다는 것을 잘 알고 있었다 의료조력사 또는 자발적 조력사망은 사망을 야기하는 그 순간까지 자기 의사결정 능력을 갖춰야 한다. 또한 호스피스 및 완화의료를 포함하여 고통을 완화할 수 있는 다른 대안에 관한 정보를 충분히 제공받은 후, 이러한 정보에 입각하여 환자 본인의 요청으로 행해진다.

할아버지에게는 아버지를 떠오르게 하는 어떤 매력이 있었다. 죽을 날만 기다리며 침대에서 간병을 받는 삶만은 절대 살지 않겠다는, 고집과 투지에 있어서는 형제라고 해도 될 정도였다.

그런데 이번 주 안에 의료조력사를 진행하기는 현실적으로 불가능했다. 그럼에도 나는 할아버지께 디그니타스를 통해 평화로운 조력사망을 신청할 수 있는 방법을 안내하고 최선을 다하겠다고 약속드렸다. 그 순간 할아버지의 얼굴에 번진 행복과 감사, 지친 눈동자에 다시 깃든 생기를 나는 결코 잊지 못한다.

할아버지는 곧장 가깝게 지내는 딸들에게 연락했다. 당신의 바람을 존중해, 필요한 서류를 인터넷으로 모두 보내달라고 부탁했다. 이미 딸들은 어머니로부터 총기 자살까지 시도하려던 아버지의 확고한 의지에 대해 들었기에, 순순히 아버지의 의견에 따랐다. 딸들은 혹시 아버지가 총으로 돌이킬 수 없는 치명상을 입게 될까 두려워, 어머니와 함께 총을 찾기 위해 애썼다. 나보단 가족들이 할아버지를 더 잘 알았던 것이다.

이것이 디그니타스와 2차 접촉하던 시점의 상황이었다. 다행히 적합 판정이 나기만 하면 이번 주 안에 자발적 조력사망을 시행할 수 있도록 절차에 착수하겠다는 답변을 받았다.

이후 며칠간 다른 가족들도 합세해 할아버지가 집

어딘가에 숨겨놓은 총을 찾으려 애썼다. 예정된 조력사망 집행일 이틀 전, 할아버지가 엄청난 불안에 휩싸여 전화를 걸어왔다. 나와 딸들을 절대 용서하지 않겠단다. 숨겨놓은 총이 사라지자, 내가 조력사망 약속을 지키지 않으리라 확신한 것이었다.

이렇게 된 이상 할아버지는 다른 자살 방법을 찾으려 할 것이 분명했다. 무슨 일이 있어도 요양원에서의 죽음만큼은 피하기 위해서.

사실 딸들은 아버지의 총을 찾아 이미 경찰에 제출했다. 나는 다시 한 번 월터 할아버지를 찾아갔다. 이제는 익숙한 정원을 통과하며 잠시 발걸음을 멈추고 키 작은 나무에서 퍼져 나오는 그윽한 향기를 깊이 들이마셨다. 짧은 순간이었지만, 내면으로 깊이 침잠하여 나무 속에 깃든 생명의 숨결을 온몸으로 느낄 수 있었다.

할머니가 현관에서 나를 아까부터 기다리지만 잠

시 한숨 돌릴 시간이 필요했다. 어떻게 하면 환자의 신뢰를 되찾을 수 있을까? 다시 한 번 나무가 내뿜는 생명의 향기를 가득 들이마시자, 부드럽게 웃으며 나를 맞이하는 할머니의 모습이 보였다. 우리는 함께 거실로 들어섰다.

그런데 다행히 할아버지는 걱정했던 것처럼 나를 비난하거나 분노를 폭발하는 모습이 아니었다. 할아버지는 소파에 조용히 구부리고 앉아, 나를 바라보지 못하고 고개를 숙였다. 무너져 내린 한 인간, 그런 할아버지의 모습이 안쓰러웠다. 하지만 그래도 총이 더는 할아버지의 손에 닿지 않게 되어 모두가 한시름 놓을 수 있었다.

잠시 후 나는 고통 속에 신음하는 할아버지에게, 총을 치운 것은 당신의 자기 결정권을 빼앗으려는 의도가 아니었음을 설명했다. 그러고 나서 다시 한 번 자살을 포함한 모든 대안에 관해 의견을 나눴다. 끝내 할아버지는 다른 대안을 모두 거부하고, 무슨 일이 있어도 이틀 안에 삶을 내려놓겠다는 의사를 분명히 밝혔다.

아버지의 모습이 다시 한 번 겹쳤다. 중환자지만 이성적인 의사결정이 가능한 사람의 확고한 의지를 무시하는 것이 정당화될 수 있을까?

이틀 후 나는 마지막으로 월터 할아버지의 정원을 찾았다. 검은지빠귀가 지저귀고 딸들이 현관에서 나를 기다리고 있었다. 분위기가 묘했다. 모두가 침착하게 행동했지만, 앞으로 일어날 일에 대한 확신은 누구에게도 없었다. 이미 도착해 있던 디그니타스 상담원이 부부에게 자신을 소개했다. 월터 할아버지는 소파에 앉아 죽음의 약을 마시기로 결정하셨다. 그 모습이 놀랍도록 평온하고 기품이 넘쳤다.

할아버지는 딸들과 작별 인사를 나눈 후, 모두에게 정원에서 기다려달라고 부탁했다. 아내와 상담원, 그리고 나 이렇게 셋만이 할아버지께서 약을 마시는 마지막 순간을 함께했다. 할아버지의 조력사망은 내가 지금까지 동행했던 현장 중 가장 아름답고 감동적인 순간이었다. 한편으로는 깊은 슬픔이 밀려왔지만, 그 모든 것이 존엄한 이별의 순간이었다. 할아버지는 다시 한 번 아내의 눈을 바라본 후 크고 또렷하게 고맙다는 인사를 남기고, 한 치의 망설임도 없이 약을 들이켰다.

그러고 나서 아내의 손을 잡고 말했다.

"당신보다 내가 조금 더 빨리 갈 뿐이야. 곧 다시 만날 거야. 사랑해."

천천히 눈꺼풀이 감기며 영면에 들었다. 나의 아버지처럼.

집을 나서려는 순간, 실내의 불화佛畫와 불상佛像들이 다시 내 시선에 들어와 잠시 발걸음을 멈췄다. 부부는 월터씨의 팔순을 기념하여 아시아의 별장으로 휴가를 다녀왔다고 한다. 두 분 모두 아시아 문화에 깊이 매료되어 있었던 것이 분명했다. 깊은 평화가 집

안에 가득했다. 조화로운 고요함이었다. 불상들과 거기서 뿜어져 나오는 영적인 기운은 방금 벌어진 일에도 끄떡없었다.

여기, 신앙을 가진 사람 하나가 또 스스로 생을 마감했다. 그리고 나는 자문했다. 방금 이곳에서 일어난 일은 복음주의적 기독교 신앙보다 오히려 윤회의 기회를 믿는 아시아 종교 문화에서 훨씬 더 비난받을 만한 일이 아닐까. 슬프지만 만족스러웠다. 그곳에 모인 일곱 사람 모두 환자의 의지를 존중했고, 함께 존엄한 이별을 경험했다. 이것이 신앙인에게 허용될 일인가 아닌가를 판단하는 일은, 결국 신께 맡겨야 할 것이다.

요즘 나는 종교와 윤리 측면에서 '조력사망_{일부 국가}

_{에서는 자살이라는 용어에 대한 문화적 거부감이 비교적 적기 때문에, 조력사망과 관련된 상황에서도 자살이라는 표현을 그대로 사용하는 경우가 있다. 이는 각 국가의 문화적 배경과 죽음에 대한 인식 차이를 반영한 용어 선택으로 이}

_{해할 수 있다}'을 용인하는 문제에 관심이 점점 더 커진다. 환자의 마음에 공감하는 가족이 지켜보는 가운데 의도적인 죽음에 이르는 광경을 두 번이나 목격했고, 두 번 다 가슴이 벅찰 정도로 감동적인 경험이었다.

지금까지 완화치료만 받던 환자의 사망 현장에서 경험한 것과는 완전히 상반된 모습이었다. 완화치료를 받는 불치병 환자의 경우 환자뿐 아니라 가족과 친구들 모두, 너무나 고통스러운 악화 과정을 고스란히 겪어야 한다. 무엇보다 그 시간은 견딜 수 없을 만큼 힘들다. '왜 그래야 할까?'

월터 할아버지가 세상을 떠난 지 1년이 지난 2007년 여름부터 나는 디그니타스에서 일을 시작했다. 그리고 점차 깨닫게 됐다. 의사조력사망에 반대하는 사람들의 주장은 주로 신에 대한 믿음에서 비롯하며, 조력사망을 지지하거나 실행하는 것이 죄가 될지도 모른다는 두려움 때문이라는 것을. 내 경험으로 볼 때, 이에 가장 강한 저항을 보이는 종교는 천주교였다.

가끔 나는 환자가 사망할 때까지 가정에서 완화치료를 시행한 케이스를 돌이켜본다. 아버지의 죽음 이전까지 이런 완화치료 방식이 옳은지에 대해 한 번도 의심해보지 않았다. 그저 중환자들이 생의 마지막에 겪는 극심한 고통을 경감시켜줄 수 있는 유일한 방법이라고만 생각했다.

그런데 그중 감수할 만한 방식으로 죽음을 맞이하는 환자는 50%에도 훨씬 못 미치는 듯하다. 절반이 넘는 환자들은 마지막 몇 시간, 심지어 며칠을 찰랑거리는 소리가 들릴 정도로 폐에 물이 차 고통받는다. 집에서 24시간 환자를 돌보는 가족에게도 정말 견디기 힘든 시간이다.

의료적 처치로 혼수상태에 빠진 환자들이 어떤 경험을 하는지는 누구도 정확히 알 수 없다. 나에게 엑시트를 통한 의사조력사망을 요청했던 말기 환자가 가끔 생각난다. 환자가 요청할 때 남편도 함께 있었다. 그런데 신실한 천주교 신자였던 남편은 내가 아내에게 필요한 정보를 제공하지 못하게 했다. 천주교에서 의사조력사망을 금지했기 때문에 남편은 죄를 짓게 될까 봐 두려웠고, 평생 죄를 안고 살아가고 싶지 않았던 것이다.

폐암 환자였던 아내는 거의 닷새 동안 찰랑거리는 소리가 들릴 정도로 폐에 물이 차 있었다. 환자는 산소 호흡기를 달았고, 모르핀과 수면 유도제 도르미쿰을 투여해 코마 상태에 빠졌다. 방문이 열려 있으면 그르렁거리는 소리가 온 집 안에 울려 퍼졌다. 환자가 폐 분비물 때문에 힘겹게 호흡하면서 나는 소리였다. 게다가 역한 폐 분비물이 풍기는 악취도 가득했다.

죽음의 냄새, 남편은 그런 표현을 썼다. 그렇지만 그녀는 죽을 수 없었다. 둘째 날 오후가 되자, 남편은 아내에게 모르핀을 과다 투여하든지 당장 엑시트로 데려가 조력사망을 하게 해달라고 애원했다. 하지만 이미 늦어 버렸다. 늦어도 일주일 전, 아내가 직접 의사결정을 하고 조력사망을 허락할 수 있었을 때 했어야 가능한 일이었다.

이미 환자가 완전히 무력화되었기 때문에 치사량의 모르핀을 투여하면 나는 도덕적, 윤리적 책임은 차치하고 법적 책임을 져야 할 수도 있었다. 무엇보다 남편이 원하는 것은 의료조력사의 본래 의도가 전혀 아니었다. 남편을 안심시키기 위해 완화의료 기관이나 호스피스 병동에 자리가 있는지 찾아봤다. 이틀쯤 기다리면 자리가 날지도 모른다는 답변이 돌아왔다. 그만큼 호스피스 병동에는 늘 자리가 부족했다.

어쩔 수 없이 이후 이틀 동안 남편은 아내의 폐에서 들리는 '찰랑거리는' 소리에 괴로워하며, 몇 번이나 나에게 아내를 보내달라고 간청했다. 이 부부는 남편의 종교적 신앙 때문에 월터 할아버지 부부처럼 고통 없이 존엄하게 죽음을 맞이하지 못했고, 결국 환자는 삶의 마지막 시간을 끔찍하게 보낼 수밖에 없었다.

천주교가 자기 결정에 따른 조력사망에 조금만 더

열려 있다면 얼마나 좋았을까. 고통스럽게 아내를 떠나보낼 수밖에 없었던 남편이지만, 호스피스에 자리가 없을 때도 아무 병원에나 아내를 입원시키지 않았다는 점은 존경스럽다. 병원에서 죽음을 맞이하도록 하지는 않겠다고 아내와 약속했던 것이다. 만약 아내의 간절한 소원을 들어주었다면, 그는 진짜 죄인이 되었을까?

최근 스위스 의학 전문지 SAZ에 '자비로운 죽음 Mercy-killing, 안락사(Euthanasia)와 같은 의미로 사용된다'이라는 제목의 기사가 실렸다. 완화의료, 임종 시의 자기 결정권, 의사의 책임에 관한 내용이었다 안락사(Euthanasia)의 어원은 고대 그리스어 Eu(좋은)와 Thanatos(죽음)가 합쳐진 말이다. 안락사는 실행 방식에 따라 적극적 안락사와 소극적 안락사로 구분된다. 소극적 안락사가 생명 유지에 필수적인 일정한 행위를 소극적으로 하지 않는 연명치료 중단을 통한 죽음이라면, 적극적 안락사는 의사조력사와 같이 환자의 요청에 따라 의사가 치사량의 약물을 처방하거나 직접 주입하는 등의 적극적인 조력을 통해 사망하는 형태를 말한다.

 의사조력사망은 한 사람이 다른 사람을 죽이는 행위가 아니다. 한 사람이 다른 사람의 죽고자 하는 의지를 판단하는 것이다. 그 의지가 반복적으로 발현될 때 비난하려 들지 않고 깊이 헤아리는 것이 목적이다. 환자가 죽고자 하는 의지를 논리적으로 이해시키지 못하면 의료조력사 시행은 불가하다 의사와 전문 간호사가 조력 행위를 할 수 있는 국가, 예를 들어 캐나다의 경우 의료조력사로 명명하며 의사만이 조력할 수 있는 경우 의사조력사로 불린다.

 적어도 디그니타스에서 내가 승인하지 않은 환자들은 모두, 집으로 돌아가는 순간부터 더 이상 의료조력사를 원치 않았다. 어떤 환자들은 상담 과정에서 오히려 여생을 좀 더 풍요롭게 아끼며 살아갈 수 있는 해법을 찾기도 했다. 그로 인해 삶을 이어 갈 수 있는 힘을 얻고, 무거운 운명의 짐을 좀 더 오래 지고 갈 각오를 하기도 했다.

 조력사망에 참여하는 의료진이나 기관은 절대 전

지전능하다는 착각에 빠져서는 안 된다. 그리고 아무리 인도적인 동기에서 출발하더라도 누군가가 살고 죽는 문제를 자기가 결정하려 들어서도 안 된다.

디그니타스에서 꽤 오래 일한 후에도 나는 항상 죽기를 원하는 환자의 운명에 슬픔을 느끼며, 의사조력사망에 '청신호'를 주는 일이 보람되지 않다. 오히려 종종 의사조력사망이 아닌 다른 방법을 안내해줄 수 있을 때 더 보람된다.

하지만 극심한 고통 속에 있는 환자에게 평화롭고 존엄한 방식으로 세상과 작별할 기회를 줄 수 있을 때, 나는 깊은 만족을 느낀다. 그들이 내게 전하는 감사는 그 어떤 말로도 표현할 수 없다.

가장 비극적인 경우는 자기 결정에 대해 허심탄회하게 말할 기회도 없이 남몰래 자살을 선택하는 환자들이다. 더군다나 자살로 인해 주변 사람들도 정신적 고통을 겪고, 평생 그 짐을 지고 살아가야 한다는 것은 더 큰 비극이다.

기찻길에 스스로 몸을 던진 사람들의 끔찍한 모습을 목격한 후 정신적 고통에 시달리는 기관사들이 상당히 많다. 그런데 그런 자살 시도가 의도했던 죽음으로 이어지지 않고, 오히려 심각한 불구로 이어지는 경우가 많다.

살아갈 가치가 있는가, 병마와 고통을 견딜 수 있는가는 오롯이 환자 스스로만이 판단할 수 있으며 판단해야 한다. 다만 나는 어떠한 대안이라도 있다면 환자에게 그 대안을 제시해 돕고 싶고, 그렇게 해야 한다고 생각한다.

가장 도움이 되는 것은 전문가와의 진솔한 상담이다. 거기에는 신앙으로 비난받을 위험, 의무적으로 정신과 치료를 받으라는 강요 등이 없어야 하며, 대신 필요한 순간 환자에게 손을 내미는 연민의 마음이 있어야 한다.

자발적 조력사망이라는 선택지를 언급하는 것만

으로도 절반 이상의 경우 환자가 느끼는 중압감이 크게 줄어들고, 조력사망이라는 해결책은 더 이상 필요하지 않게 된다. 위급한 순간에 고통과 의존에서 벗어날 방법이 있다는 확신만으로도 많은 환자들은 삶을 이어 나갈 의지를 얻는다. 그리고 죽음을 선택한 이들은 평화, 감사, 기쁨 속에서 세상을 떠난다. 내가 경험한 모든 사례가 예외 없이 그랬다.

이제 아버지가 세상을 떠난 지 3년이 흘렀고, 나는 1년 넘게 정기적으로 디그니타스에서 일하고 있다. 디그니타스 회원을 찾아갈 때면 항상 나는 '치명적 약물을 처방하는 일이 과연 옳은가' 하는 의심으로 고통스럽다. 환자 저마다의 운명이 나를 슬프게 하지만, 한편으론 그 과정을 함께한 사람들의 기쁨과 감사로 인해 이 일이 중요하고도 옳은 일이라는 확신이 점점 커진다.

결과적으로 이 확신이 내게 계속해서 의사조력사

망 판단 업무를 수행할 힘을 불어넣어 준다. 디그니타스에서 나의 역할에 회의가 생길 때마다, 이 일을 계속할 수 있도록 만드는 일이 일어났다. 면담을 위해 뒤벤도르프 호텔에 머무는 환자를 만나러 가는 경우가 종종 있는데, 호텔 바로 옆 고층 건물에는 큰 글씨로 이렇게 쓰여 있다.

"하나님은 당신을 기다리고 있습니다."

안 볼 수도 없고 그렇다고 아무렇지 않게 지나치기엔 너무도 거슬리는 이 문구를 처음 봤을 때, 나는 생애 마지막 며칠 동안 숙소 옆 건물에 걸린 이 문구를 보게 될 환자들을 떠올렸다. 하나님은 그들을 기다리실까? 나도 기다리실까? 누군가 기다리시기는 할까? 아니, 하나님이 존재하시기는 할까?

신앙의 문제에 관해 가장 강렬한 인상을 남긴 경험은 한 성직자의 의사조력사망을 동반했을 때다. 여든을 넘긴 그 환자는 중증 장애가 있었고, 시력과 청력이 극심하게 악화하고 있었다. 딸이 집에서 아버지를 정성껏 보살피다가 스위스까지 동행했다. 이 노 신부는 보람된 생을 살았고 나이 들며 점점 주변에 짐이 되자 더 이상 견딜 수 없었다. 딸의 정성스러운 돌봄에도 불구하고 말이다.

고령으로 인해 치명적 중증 장애를 일으킬 수 있는 심근경색이나 뇌졸중 같은 질환의 위험이 계속 커지는 상황이었지만, 그렇다고 이른 시일 내 사망에 이를 만한 중증 질병이 있는 것은 아니었다. 이런 경우가 '합리적 자살'로 알려져 있다.

처음으로 그분과 딸을 만났을 때 고령과 중증 장애에도 불구하고 자발적 조력사망을 하러 오기에는 너무 이른 것을 직감했다. 그런데 장애로 인해 거동이 불편한 데다 휠체어도 없는데, 취리히에서 식당도 없는 호텔에 머물고 계셨다. 좁고 허름한 호텔 방에서 긴 시간 상담을 진행하는 동안 닫힌 창문으로 들려오는 도로의 차량 소음 때문에 방해를 받았다. 분명 의사조력사망의 필요성을 숙고하는 데 좋은 환경이 아니었다. 그래서 나는 그라이펀제 호수 근처의 알테 칸츠라이 호텔로 가는 것을 권유했고, 두 사람은 그날 바로 숙소를 옮겼다.

실어증으로 말을 할 수 없었던 아버지와 나누지 못한 신앙 문제에 대해 신부님과 의견을 나눌 수 있어서 좋았다. 사제는 자발적 조력사망에 대한 자신의 의지를 하느님 앞에서 어떻게 정당화할까?

그는 성경 구절 몇 군데를 새롭게 해석해 자비로운 하느님께서는 우리를 고통 속에 내버려두지 않으심을 확신했다. 통증과 고통에서 인간을 해방시킬 수 있는 인간의 인지적 능력은 신이 주신 선물이라는 것이다. 자신의 의지를 신앙적으로 정당화할 수 있는 그분의 확신이 매우 인상적이었다. 이틀 후 2차 상담을 위해 다시 그라이펀제 호수를 찾았을 때 신부님은 내게 인사를 하자마자 말했다.

"프라우 선생, 나는 오늘 집으로 돌아가려 해요."

어떻게 갑자기 마음이 변했지? 이틀 전만 해도 의사의 도움을 받아 죽고자 하는 신부님의 결심은 확고했고, 창조주 앞에 이 결정을 정당화하는 데도 망설임이 없었다. 그런데 교회당에서 기도하다 하느님의 뜻을 깨달았다고 했다. 스위스까지 여행길에 오른 이유는 당신의 죽음을 위해서가 아니라 내가 하는 일이 주님의 뜻이며, 그분께서 그 일을 귀하게 여긴다는 것을 알려주기 위해서라고 했다.

그 순간 신부님의 소명은 오직 내가 디그니타스에서의 일을 계속 해야 한다고 말해주는 것뿐이며, 소명을 다했으니 이제 집으로 돌아가 당신의 '때'가 오기를 기다리겠다고 했다. 어쩌면 수호천사의 존재는 받아들일 수 있을지도 모르지만, '신이 내린 소명'이라는 단어 뒤에는 여전히 큰 물음표가 남았다.

그때 신부님은 의사조력사망을 선택하지 않고 집으로 돌아갔지만, 결국 몇 주 후 다시 돌아와 염원했던 대로 평화로운 죽음을 맞이했다. 그리고 내가 그때 남긴 큰 물음표는 여전히 그대로다.

신앙과 관련해 인상 깊었던 다른 경험은 내 친구와 관련된 것이다. 친구는 화학을 전공한 후 관련 직종에서 경력을 쌓다가 풀타임으로 일하는 와중에도 신학 학위까지 받았다. 구약을 주제로 논문을 썼는데 에덴동산에 두 그루의 나무, 즉 선과 악을 알게 하는 유혹의 나무와 생명나무가 왜 함께 공존했는지에 관한 내용이었다.

친구는 확신에 차서 말했다.

"디그니타스에서 네가 하는 일은 에덴동산 한가운데 있는 두 번째 나무, 즉 생명나무와 같은 거야. 성경 해석 방법의 문제지. 네가 하는 일은 오고가는 인간 존재의 순환을 완성하는 거야."

진실이 무엇이든 상관없다. 누가 옳든 '수호천사니, 신에게 받은 사명이니, 생명나무니' 하는 말과 상관없이 디그니타스에서의 3년, 아버지의 죽음 이후 5년을 보낸 후 나는 이제 더 이상 신이 벌을 내릴 것으로 생각하지 않는다.

의사조력사망 판단을 위해 만난 사람들이 보여준 감사의 마음이, 내가 확고하고 강인하게 이 일을 계속해 나갈 수 있게 했다. 여전히 신앙의 문제, 신앙에서 비롯한 양심의 문제를 숙고하고 있지만 더 이상 그것이 나를 괴롭히지 않는다.

우리 과에서 실습하던 의료조무사와 있었던 일화도 기억에 남는다. 그때 일로 나는 구세군에서 보냈던 어린 시절을 다시 떠올리게 됐다. 나는 그녀에게 오랜 디그니타스 회원이자, 어린 세 아이의 아빠며, 루게릭병으로 고통받던 환자에 대해 하소연하고 있었다.

운동 신경 질환인 루게릭병은 치료가 불가한 진행성 신경 질환으로, 발부터 시작해 위쪽으로 서서히 신체를 마비시킨다. 그러나 지능에는 전혀 영향이 없다. 지금 환자는 하지 마비가 왔고, 겨우 말은 할 수 있었지만, 직접 음식을 입에 넣지도 못하는 상태였다.

원래 나는 평정심을 잘 잃지 않는 성격이지만 그 환자의 경우는 근래의 일이기도 한데다 평소와 달리 더 감정 이입이 됐다. "가끔 신을 마구 흔들어서 물어보고 싶어. 도대체 왜, 이 젊은 아빠냐고!"라며 내가 너무 답답해하자, 그 의료조무사의 눈에는 내 말이 '죄짓는 행동'처럼 보였던 것 같다.

그날 아무 대답이 없던 그녀는 다음 날 진료실에 《하나님은 왜 대답하지 않나요?》라는 제목의 책을 가져왔다. 혹시나 위안이 될까 싶어 책을 들여다보는 순간, 어린 시절 들었던 구세군 설교가 귓가에 울려 퍼지는 것 같았다. '하나님이 하시는 일은 모두 옳다. 우리가 이해하지 못할 뿐'이라는 내용이 구세군 설교와 똑같았기 때문이다. 다만 그 책에는 이 세상에서 고통받은 사람일수록 하늘나라에서 받을 상이 크다는 내용도 덧붙여져 있었다. 말도 안 되는 소리일까? 진짜일까?

모든 인간은 개별적 존재며 신앙에 대한 견해도 제

각각 다르다. 그런데 어떻게 죽느냐에 대한 의견을 포함해 저마다 독특한 개성을 가진 사람들을, 왜 우리는 있는 그대로 받아들이지 못할까?

모든 사람은 자신이 옳다고 생각하는 방향으로 나아갈 수 있어야 한다. 그뿐 아니라 살아있는 오늘 하루하루를 최대한 만끽하며 사는 것도 중요하다. 로마 시인이 외친 '카르페 디엠'이라는 말처럼 오늘 하루를 즐기자! 그것이야말로 신이 주신 선물이다.

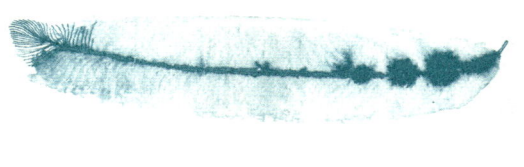

삶의 질

우리는 2007년에 와 있다. 진료실에서 바쁜 하루를 보내고 밖으로 나서는 길이 즐겁다. 해는 저물고 선선한 저녁 바람이 좋다. 살아 있는 기쁨을 느낀다. 덕분에 오늘 예정된 인근 노인 요양원 방문도 씩씩하게 할 수 있을 것 같다.

피곤하지만 오늘 만날 환자인 토만씨를 떠올리면 마음이 즐거워진다. 나는 노인들이 대부분인 이곳에서 오랫동안 살아온 토만씨가 정말 존경스럽다. 노인 요양원, 이곳에 오래 거주했다고 하면 토만씨가 매우 고령일 것으로 생각하겠지만 그렇지 않다.

토만씨는 나보다 겨우 두 살 위다. 내가 노인 요양원에 들어간다는 건 상상도 안 되는 데 말이다. 나에게는 아직 토만씨를 만난 후 돌아갈 집이 있다는 사실이 정말 다행스럽다.

　어둠을 가르며 달리는 십 분 남짓한 시간이 내겐 숨을 고를 여유를 선사한다. 그동안 상담을 준비하거나 진료실에서 있었던 일들을 마음에서 비워낼 수도 있다. 도로는 한산하다. 이미 러시아워는 한참 전에 지났고, 도로를 가득 메웠던 사람들은 지금쯤 모두 집에서 편안히 쉬고 있을 것이다.

　하지만 중증 장애를 가진 내 환자는 지금 나를 기다리고 있다. 흔한 일이지만 방광염에 걸렸다. 카테터병을 다루거나 수술할 때 인체에 삽입하는 얇은 관를 갈지 않았으면 좋겠다. 토만씨에게는 특히 어렵고 불편한 일이다. 요양 병동이 딸린 이 노인 거주 시설의 외관은 그다지 나빠 보이지 않는다. 그렇다고 해서 특별히 발길이 끌리는 곳도 아니다. 방마다 불이 켜진 걸로 보아

여덟 시가 되어서도 대부분 잠자리에 아직 들지 않은 게 분명하다.

문을 들어서자, 홀에서 소독약 냄새가 풍긴다. 이곳에 사는 사람들에게는 이미 익숙해져 방문객들이나 알아차리는 냄새다. 최근 요양원에 한 차례 노로바이러스가 유행했던 터라 다시 퍼질까 봐 모두 우려하는 분위기다. 마치 방문객의 손에서도 이곳을 가득 채운 소독제 냄새가 나지 않으면 입장을 불허하겠다는 경비원처럼, 항균제 통이 홀 한가운데 떡하니 놓여 있다. 그 옆에는 큰 글씨로 '모든 방문객은 반드시 손 소독을 해주시기를 바랍니다'라고 쓰여 있다.

엘리베이터에서 내리는 순간, 내가 이 긴 복도를 얼마나 혐오하는지 새삼 깨닫는다. 문이 다닥다닥 붙어 있는 복도를 따라 걷는다. 긴 복도를 따라 마치 토끼장처럼 수많은 문이 들어선, 이런 모습의 노인 요양원에 대해 생각해본다. 문마다 형형색색의 동물이나 꽃 그림이 걸려 있지 않았다면 누런 벽이 더 우울해 보일 것이다.

문 뒤에는 죽음이 찾아올 때까지 돌봄을 받아야 하는 노인이나 장애인이 살고 있다. 나의 젊은 환자는 간병을 받아야만 하는 처지에도 불구하고 다행히 항상 명랑하다. 토만씨를 만나는 것, 만날 수 있다는 것, 만나야 한다는 것은 내게 큰 기쁨이다. 어두운 방에서 밝고 쾌활한 토만씨의 목소리가 들린다.

"어서 불 좀 켜주세요, 선생님. 기다리고 있었어요!"

천장 불빛이 그녀의 짙은 눈에 비쳐 반짝인다. 이것이 바로 내가 토만씨와의 만남을 좋아하는 이유다. 그녀는 항상 명랑하면서도 차분하다. 온몸으로 행복을 내뿜는다. 직접 가지고 온 가구 몇 개로 방을 꾸몄고, 벽에는 화려한 그림을 걸었다.

악수는 할 수 없지만 눈인사로도 충분하다. 그녀는 고개를 끄덕인다. 이 젊은 여인이 아직도 움직일 수 있는 신체 부위는 머리뿐이다. 씻기, 옷 입기, 밥 먹기를 포함해 모든 일에 돌봄을 받아야만 한다.

이곳에서 천천히 순서대로 죽어 가는 초고령의 노인들에게 둘러싸여 살고 있다. 토만씨는 유일하게 죽어 나가지 않는 사람이고, 앞으로 새로 들어오는 수많은 사람들보다 더 오래 살 것이다. 상담 때마다 나는 그녀가 살아갈 힘을 어디서 얻는지 자문하게 된다.

그녀의 삶의 질은 어떤가? 만약 내가 그런 상황에 놓여 있다면, 나는 어떻게 반응할까?

내가 진행한 자기 결정에 따른 조력사망 케이스 중에는 토만씨보다 병세가 훨씬 덜 진행된 다발성 경화증 환자들도 적지 않다. 솔직히 고백해 만약 내가 그 상황에 놓여있다면, 토만 씨처럼 몸이 꼼짝달싹 못한 채 점점 악화되어 가는 삶을 감당할 용기가 있을지 자문하게 된다.

그녀는 자신을 위해 살고 있는 것일까? 아니면 수

년간 정기적으로 찾아오는 남편을 위해서? 친구들을 위해서? 그녀는 정말 살기를 원하는 것일까? 만약 그녀의 몸이 무력화되지 않았다면, 이미 오래전에 스스로 목숨을 끊지 않았을까?

그녀에게 이런 질문을 너무 하고 싶지만, 차마 할 수 없다. 돌이킬 수 없는 일이 벌어질까 봐 두려워서다. 이런 내 행동을 어떻게 설명할 수 있을까? 사려 깊은 것일까, 아니면 비겁한 것일까? 그녀가 이제 삶에 지쳤다며 처참하게 망가진 몸에서 벗어나는 것이 유일한 소원이라고 하면 어떻게 해야 할까? 일거수일투족 도움에 의존해야 하는데, 더 이상 돌봄이 필요 없어진다면? 마침내 죽어도 된다면?

충만하게 빛나는 토만씨의 얼굴을 바라보며, 나는 그런 음울한 생각들을 떨쳐 버린다. 토만씨가 나를 보고 웃는다. 카테터를 씻고 다시 소변이 잘 흐르는 것을 확인한 우리 둘은 카테터를 교체하지 않아도 돼서 기쁘다. 덕분에 환자와 몇 마디 더 나눌 시간도 생겼다. 삶의 질 같은 주제는 언급하지 않으려고 조심한다. 토만씨는 오늘 모든 일이 순조롭게 진행됐다는 데 행복하고 감사할 따름이다.

문을 두드리는 소리에 대화를 멈춘다. 간병인이 욕창을 막기 위해 토만씨를 돌려 눕히러 왔다. 그 순간, 나는 조용히 "오늘은 이만 가보겠습니다." 말하고 일어선다. 화려한 그림들로 장식된 문들 사이로, 긴 복도를 따라 발걸음을 돌린다. 토만씨의 삶에는 더 이상 허락되지 않은 자유를 향해.

삶의 질, 이것만큼 각자 다른 인식을 가진 단어도 없을 것이다. 토만씨에게 의사조력사망을 제안할 수 있음에도 그러지 못하는 상황은 충분히 감당할 수 있다. 조력사망이라는 선택지를 숨기는 것보다 더 나쁜 일은, 성급하게 의료조력사를 제안했다가 오히려 한 환자의 삶의 질을 앗아가고 불만만 남길 수 있기 때문이다.

하지만 나는 늘 상상한다. 언젠가 스위스의 모든

시민들이 엑시트를 통한 조력사망의 선택권을 자연스러운 권리로 인식하는 날이 오기를 말이다. 그러면 육체 장애 때문에 스스로 목숨을 끊을 수조차 없는 사람들도 엑시트를 찾을 수 있을 것이다. 다른 사람의 삶의 질을 판단하는 것은 내 권한이 아니다. 자신만이 삶과 고통을 견딜 수 있는지, 없는지 안다.

집으로 돌아오는 길, 동료가 해준 이야기가 떠올랐다. 그 동료도 토만씨와 비슷한 나이대에 겨우 머리만 움직일 수 있는 후기 다발성 경화증 환자를 돌보고 있었다. 다행히 그 환자는 집에서 아내에게 돌봄을 받을 수 있었다. 환자가 혼자 자유롭게 움직일 수 있도록 누군가 매일 아침 전동 휠체어에 앉혀 주면, 그는 입으로 조이스틱을 움직여 휠체어를 작동했다. 아무래도 휠체어 덕분에 그 환자는 토만씨보다는 좀 더 나은 삶의 질을 누릴 수 있었다.

지난여름, 그 환자는 아내에게 카리브해로 여행을

가고 싶다는 바람을 내비쳤다. 그 여행이 마지막 여행이 될 거라고는 아무에게도 말하지 않았다. 둘레에 턱이 없어 혼자 휠체어를 타고 물속으로 들어갈 수 있는 수영장을 갖춘 호텔을 직접 골랐다. 강력한 통증 치료를 감당했기에 가능한 일이었지만, 부부는 휴가를 만끽했다.

그런데 집으로 돌아오기 하루 전날, 남편은 아내에게 잠시 혼자 나갔다 오게 해달라고 부탁했다. 추호의 의심도 하지 못한 아내는 흔쾌히 승낙했다. 아무도 수영장을 찾지 않는 이른 아침, 남자는 한 치의 망설임도 없이 확실한 죽음을 약속하는 심연으로 자신을 내몰았다.

남편은 아내에게 용서를 구하는 이별의 편지를 남겼다. 이미 몇 달 전부터 삶을 끝낼 마음을 먹었다고 했다. 사랑하는 사람들의 이해와 동행 속에서, 엑시트의 도움을 받아 평화로운 영면에 들 수 있었던 한 사람의 스위스 시민이, 또 이렇게 가슴 아픈 결정을 내릴 수밖에 없었다.

환자의 아내가 평생 이 처참한 날의 기억을 안고 살아가야 한다고 생각하니 너무 안쓰러웠다. 물에 빠져 죽기 직전 남편이 마지막으로 어떤 생각을 했을지, 얼마나 외로웠을지를 그녀는 몇 번이고 곱씹을 것이다. 그의 행동은 사랑하는 사람에게 배려심이 너무 없었고, 그 모든 일을 계획하고 실행하는 데 있어 너무나 태연하고도 기만적이었다.

도대체 그 절망과 고통이 얼마나 컸길래, 스스로에게 또 사랑하는 사람들에게 이런 짓을 저지를 수 있었을까? 왜 그는 주치의에게 죽고 싶다는 의사를 밝히지 않았을까? 아내나 엑시트 상담원에게도 말하지 않은 이유는 무엇일까? 그랬더라면 오히려 삶을 마주할 용기를 찾거나 삶의 질이 향상되었을지도 모른다. 설령 그렇지 않더라도, 의료조력사를 통해 더 정당하고 존엄한 이별의 방식을 선택할 수 있었을 것이다.

그럼에도 불구하고, 불치병에 걸린 중증 환자에게

자발적 조력사망의 가능성을 먼저 시사하는 것이 의사의 권한이라 할 수 있을까? 아니다. 그건 도를 넘는 일이라고 생각한다. 하지만 의사는 환자와 허심탄회하게 삶의 질 문제나 죽음의 문제를 의논할 수 있다. 그랬더라면 이 부부에게 벌어진 끔찍한 일도 피할 수 있었을지 모른다. 물론 노인 요양 시설에 거주하는 토만씨는 자살이 불가능하다. 그래도 그녀가 바라는 임종의 방식은 어떤 것인지 물어봐야 할까? 그러고 싶지 않다. 아직까지는.

오늘은 수요일, 토만씨를 만나고 온 다음 날이다. 어제의 일과 생각들이 머릿속을 맴돌아, 마음이 어지럽다. 오늘은 바젤의 한 호텔에서 성공한 가라테 선수였던 젊은 남자 환자가 나를 기다린다. 디그니타스 회원 자격으로 의사조력사망을 신청한 그도 다발성 경화증 환자다.

3개월 전 제출한 의무 기록을 다시 찬찬히 살펴본

다. 그 기록을 바탕으로 잠정 허가가 내려졌고, 덕분에 그는 의사 면담을 위해 스위스까지 왔다. 필요하다면 다시 집으로 돌아갈 것이고, 그렇지 않다면 여기서 생을 마감할 것이다.

차를 타고 환자를 만나러 가는 동안 토만씨, 그리고 여행 마지막 날 수영장에 몸을 던져 자살한 환자의 생각이 머릿속을 맴돈다. 다발성 경화증이라는 같은 병을 앓고 있던 두 사람. 그들과 마찬가지로 다발성 경화증이라는 병을 앓고 있지만 열다섯 살이나 젊은 간츠씨를 만나는 순간, 나는 만감이 교차한다.

간츠씨는 내가 도착하기만을 학수고대하고 있었다. 휠체어에 앉은 그의 넓은 어깨, 근육질 팔뚝, 개성 넘치는 얼굴은 자신감 넘치는 남자의 전형이다. 옆에 선 그의 아내는 우아한 옷을 입었지만, 야윈 얼굴에 깊게 팬 눈매가 먼저 눈에 들어왔다. 오랜 걱정과 수많은 눈물이 남긴 흔적인 듯하다.

환자의 첫인상에 나는 가슴이 철렁한다. 이 다발

성 경화증 환자는 너무 빨리 찾아왔다. 기록만으로는 환자의 상태가 이 정도로 양호한지 알 수 없었다. 집으로 돌려보내야 할 환자가 하나 더 늘었다. 아직은 떠날 때가 아니라고 설득해야 한다. 아니면 간츠씨가 내게 설명해야 한다. 현재 하지 마비 상태이긴 하나 장기간 자립적 생활이 가능해 보이는 그가, 왜 지금 죽고자 하는지를.

상담은 한 시간이 훨씬 넘게 진행된다. 간츠씨는 차분한 말투로 아주 어려서 가라테를 시작했다고 얘기한다. 가라테는 그에게 인생 그 자체였다. 성공한 가라테 선수였고 우승도 여러 번 했다. 승리에 승리를 거듭했다.

그런데 갑자기 신체 조정력에 문제가 생기면서 불안이 찾아왔다. 신경과 검사로 다발성 경화증을 진단받았다. 최신 치료제를 썼음에도 불구하고 병마는 처음부터 빠르게 진행됐다. 3년 만에 휠체어 신세를 지게 됐고, 3개월 전부터는 팔을 조정하는 데 어려움이 생겼으며, 몸은 점점 약화했다. 얼마 안 가 토만씨와 비슷한 상태가 될 운명이었다.

이 젊고 자신만만한 전사는 불치병과의 전투에서 할 수 있는 모든 전투력을 동원했지만 처참하게 패배했다. 병마는 인정사정없이 쳐들어와 그의 몸을 완전히 무력화하고 있다. 일반적으로 다발성 경화증은 매우 느리고 단속적으로 진행되지만, 간츠씨의 경우 발병 초기부터 매우 빠르고 거침없이 진행됐다.

간츠씨는 병마가 자신의 신경계를 무너뜨리는 모습을 방관자처럼 그저 지켜볼 수밖에 없다. 그래서 그는 이제 다른 방식으로 전투에 임하려는 것이다. 간츠씨는 가능한 한 모든 수단을 동원해 자신의 죽을 권리를 실행에 옮기겠다고 말한다. 완전히 의존적이고 무력해지기 전, 아직 사람 구실을 할 수 있을 때 죽고 싶다고 한다. 내가 반대하면, 분명 그는 위험을 무릅쓰고 자살을 시도할 것이다.

그가 가라테 챔피언답게 굳센 결심을 밝히자, 호텔 방 안에 차가운 침묵이 흐른다. 나는 아내의 어둡고 착한 눈을 바라본다. 공포와 절망이 서려 있다. 그녀 역시 오래도록 말이 없다.

현재 그의 상태는 스위스 조력사망 가이드라인이 제시하는 조건에 부합한다. 하지만 이렇게 젊고 혈기 왕성한 사람에게 죽음의 약을 처방하기란 결코 쉽지 않다. 이 환자의 삶의 질에 대해 내가 어떤 결정을 내릴 수 있을까? 내게 그럴 권리가 있는 걸까?

그렇지 않다. 삶을 이어 갈 가치가 있는지에 대한 판단은 오직 자기 자신만이 할 수 있으며, 내 몫이 아니다. 간츠씨는 완벽하게 이성적이며 자신이 원하는 의지의 결과를 잘 안다.

나는 이런 우려를 간츠씨에게 전한다. 그의 눈에서 지금껏 그에게 수많은 승리를 가져다주었을 어떤 투지의 눈빛이 번뜩인다. 간츠씨는 아직 너무 시기상조일지도 모른다는 내 의견을 이해하면서도 완강히

반대한다. 그가 단호한 목소리로 말한다.

"선생님이 저를 대신해 결정을 내릴 수는 없습니다. 제 마음을 돌려놓을 수도 없을 거예요. 아직 완전히 의존적인 상태는 아니지만 이미 제 삶은 의미가 없어졌습니다. 저의 전부라 할 수 있는 가라테는 백 퍼센트 신체활동인 데다 움직임과 집중력이 필요합니다. 그러니 지금 제 삶의 만족도는 제로나 마찬가지입니다. 이것이 제가 기필코 죽고자 하는 이유입니다. 조력사망이 안 된다면 잔인하게 제 손으로 삶을 끝낼 수밖에 없습니다. 전 독실한 불교 신자예요. 건강한 몸으로 반드시 환생할 겁니다. 그렇기 때문에 어떤 방법으로든 이 나약한 몸을 떠나고야 말 겁니다."

나는 간츠씨와 그의 아내에게 인사하고 조용히 방을 나선다. 다행히 아직 우리에겐 사흘이라는 숙고의 시간이 남아 있다. 그들의 슬픈 운명이 머리를 어지럽힌다. 특히 생각이 길어지는 밤이면 더 심하다.

간츠씨는 이틀 동안 아내와 나들이하며 자신이 원하는 것이 무엇인지 다시 한 번 심사숙고하기로 약속했다. 하지만 자기 확신이 강한 이 젊은 환자가 마음을 바꿀 가능성은 낮아 보인다. 처방을 내릴지 말지는 결국 내 몫이다. 내가 간츠씨를 집으로 돌려보낸다면, 그는 나약한 육체로부터 벗어나기 위해 가혹한 방식의 자살을 택할지도 모른다. 나는 그 가능성을 조심스럽게 가늠해본다.

2차 면담에서도 간츠씨는 모든 근거를 들어 죽고 싶은 이유를 세 번이나 되풀이한다. 마음을 바꾸길 기대하지는 않았지만, 역시나 예상대로다. 삶의 동반자인 그의 아내는 남편을 조금만이라도 더 오래 곁에 두고 싶지만, 그의 확고한 결심을 잘 알기에 잔인한 자살 시도만큼은 하지 않기를 바란다. 어디선가 목숨을 끊고 쓰러져 있는 남편을 발견할까 봐 불안한 마음으로 하루하루를 살고 싶지는 않다.

그사이 나도 결정을 내린다. 그를 떠나게 해주기

로 내 안의 목소리도, 인간에 대한 오랜 통찰도 이제는 그를 막을 수 없다고 말하고 있다. 자살한 사람의 시신을 발견하는 것은 무척 괴로운 경험이다. 절반이 훨씬 넘는 수의 폭력적 자살 시도가 실패로 끝나며, 그렇게도 바랐던 죽음은 오지 않는다. 대신 심각한 장애가 뒤따를 뿐이다.

간츠씨는 스스로의 죽음을 판단할 수 있다. 평생 수많은 싸움에서 이겨온 그가 이 마지막 싸움에서도 이길 기회를 빼앗지 않겠다. 그 싸움은 삶을 함께해온 사랑하는 동반자가 지켜보는 가운데, 인간적이고 존엄하게 세상과의 작별을 고하기 위한 것이다. 만약 내가 비슷한 상황에 부닥친다면 내가 바라는 죽음의 모습도 마찬가지일 것이다.

늘 그렇듯 이번 상담도 길고 힘들었지만, 호텔을 떠나며 나는 내면의 깊은 평화를 찾는다. 간츠씨에게 처방전을 써줄 테니 내일이면 바라던 대로 세상을 떠날 수 있다고 말했을 때, 그가 보여준 엄청난 기쁨과 감사가 내 마음을 가득 채운다. 병든 몸에서 영혼이 '해방될' 내일에 대한 행복한 기대감으로 가득 차, 간츠씨는 오늘밤 아주 평화롭게 잠들 것이다.

내가 원하는 것보다는 그가 원하는 것이 우선이다. 장애가 훨씬 더 악화하기만을 기다릴 필요는 없다. 이제 내일이면 그는 완전히 쓸모없어진 육체의 껍질을 벗어던진다. 환생하고 싶다는 바람이 정말로 이루어져서, 그의 강인한 영혼이 강인한 몸에서 다시 꽃피기를 바란다.

집으로 돌아오는 길, 그리스어 수업에서 배운 말이 떠오른다. 우리 그리스어 선생님은 인생 철학이 확고했다. '육체는 영혼의 무덤'이라는 플라톤의 명언을 인용하면서, 우리의 영혼은 죽음의 순간까지 육체에 갇혀 있다고 말하곤 했다.

종종 이 말의 의미를 곱씹었는데 오늘 다시 떠올랐다. 간츠씨야말로 불편한 몸이 영혼의 감옥이 되는 경험을 했다. 불교 신자인 간츠씨의 상상처럼 그는 건강한 몸으로 진짜 환생하게 될까? 답은 아무도 알 수 없다. 다만 오늘밤 그의 바람이 변치 않는 한 내일 순조롭게 자기 몸을 떠날 수 있다는 것만은 확실하다.

집에 도착할 때쯤 전화가 울린다. 집 앞에 서서 전화를 받을지 잠시 고민한다. 서둘러 간츠씨의 마지막 상담 보고서를 작성하고 싶기 때문이다. 잠시 망설이다가 전화를 받는다. 전화기 너머의 살짝 쉰 목소리가 익숙하다. 사지 마비 환자지만 다행히 집에서 돌봄을 받고 있는 랭씨가 급히 왕진을 요청해왔다. 그래, 삶의 질을 받아들이는 방식이 이토록 다를 수도 있는 거다. 랭씨에게 지금의 간츠씨만큼의 신체 능력이 있다면 아마 기뻐서 펄쩍 뛰었을 것이다.

그녀는 오토바이 사고로 사지 마비가 됐다. 처음에는 팔과 손 일부를 움직일 수 있어 장애인용으로 개조된 차량을 운전하기도 했다. 그런데 척수 손상 환자에게서 종종 나타나듯 반흔 조직이 손상된 부위의 신경 통로를 좁혔고, 이에 따라 머리 방향으로 척수 마비가 상승하게 됐다. 추가 신경 손상을 방지하기 위한 수술에도 불구하고, 결국엔 손도 아예 쓸 수 없게 됐다.

랭씨를 만나러 옆 동네로 간다. 햇살은 화창하고 랭씨 집 앞 키 작은 나무는 아름다운 향기를 풍기며 꽃이 만개하다. 나는 꽃잎과 나뭇잎에 얼굴을 묻고 찰나의 '아로마 테라피'를 즐긴다. 요양원에 있는 토만씨와 마찬가지로 랭씨도 만날 때마다 명랑하다.

최근에는 사지 마비 환우 두 명이 조력사망이 아닌 자살을 시도했다. 이런 경우 종종 다른 환우의 자살로도 이어질 수 있다 보니, 랭씨는 잔인하게 스스로 목숨을 끊을 사람이 아니라고 믿으면서도 자살 문제에 대해 자주 그녀와 의견을 나눴다. 심각한 장애에도 불구하고 그녀는 아직 삶의 즐거움을 누린다. 집에서 주변 도움을 충분히 받으며 지내고, 삶의 질도 그럭저럭

괜찮으며, 현 상황에 나름대로 최선을 다하고 있다.

이처럼 삶의 질에 대한 인식이 아주 다르듯, 죽음을 대하는 자세도 다르다. 누군가 오랫동안 심사숙고 끝에 가지게 된 죽음의 의지라면 그것을 존중할 수 있고, 존중해도 되며, 나아가 존중해야 하지 않을까?

치매 환자에게 삶의 질이 전혀 없다고 단정할 수 없는 것처럼, 부분 장애가 있다고 해서 반드시 삶을 지속할 만한 삶의 질이 보장된다고도 단정할 수 없다. 스위스에서만 매년 1천 명이 자살로 세상을 떠나고, 2만 명이 훨씬 넘는 사람이 자살을 시도했다가 실패한다. 이 통계는 삶을 감내할 자신이 없는 수많은 사람들의 현실을 여실히 보여준다.

삶의 질은 오직 그 삶의 주인인 자신만이 판단할 수 있다. 우리가 할 수 있는 일은 삶의 질을 향상할 수 있도록 도움을 주는 것뿐이다. 아무리 노력해도 삶의 질을 높이지 못한다면, 생을 마감하고자 하는 누군가의 결정을 존중해야 한다고 생각한다. 또 다른 기관사가 철로로 뛰어든 사람 때문에 평생 지워지지 않을 고통을 떠안아야 하는 상황을 생각해보면, 차라리 자기 결정에 따라 안전하게 준비된 조력사망을 위해 약물을 제공하는 것이 더 나은 의료 행위가 아닐까?

오늘은 더 이상 왕진이 없기를 바라며 집으로 돌아온다. 그리고 컴퓨터 앞에 앉아 가라테 선수를 위한 마지막 기록을 작성한다. 그를 보내주는 일에 확신이 든다. 간츠씨는 다시 태어날 것을 믿는다. 무엇보다 얼마 후 그의 부인으로부터 간츠씨가 끔찍한 방식으로 자살했다는 소식을 듣고 싶지는 않다. 내일이면 곁에 있는 아내와 마지막으로 이별의 포옹을 나누고, 그는 영면에 들 것이다.

이례적 비상 당직

 이런, 믿을 수 없다. 다른 날도 아니고 하필 비상 당직인 오늘, TV에서 꼭 봐야 하는 다큐멘터리를 방영한다니. 제발 아무 일 없이 조용한 당직이 되기만을 바랄 뿐이다. 다큐멘터리는 엑시트 도움을 받아 죽음을 맞이하는 조울증 환자의 마지막 시간을 기록한 것이다.

 이제 곧 성인이 될 아이들이 이 주제에 대해 어떤 생각을 갖고 있는지 알고 싶어, 함께 다큐멘터리를 보자고 제안했다. 작은 방에 옹기종기 모여 앉은 분위기도 완벽하다. 이제 다큐멘터리를 함께 보며 아늑하게 저녁 시간을 보내기만 하면 된다.

그때 갑자기 부엌에서 퍽퍽 소리가 들린다. 왠지 불길한데, 아참! 둘째 아들이 전자레인지에 팝콘을 튀기는 소리다. 함께 TV 보는 날 저녁이면 빠질 수 없는 아이템이다. 갑작스러운 환자 콜만 없으면 우리 가족에게 더할 나위 없이 좋은 저녁이 될 것이다.

저녁 8시 15분, 다큐멘터리가 시작한다. 다큐멘터리를 보고 난 후 아이들 반응이 너무 궁금하다. 그런데 프로그램이 막 시작하려던 찰나 전화벨 소리가 모질게 울린다.

이럴 줄 알았다. 빌레터 할머니다. 아침부터 호흡곤란이 있었는데 왕진은 원치 않고 주치의가 늘 해주듯 항생제만 주면 된다고 했다. 순간 짜증이 났다. 방해를 받아서라기보다는 까다롭고 고집 센 빌레터 할머니의 태도 때문이다.

왕진도 원치 않고 진료실에 오는 것도 단호히 거절한다. 항생제'만' 집으로 배달해주면 고맙겠단다. 할머니 주치의는 나보다 훨씬 환자에게 너그럽다며 고집을 부린다. 빌레터 할머니도, 나도 점점 짜증이 난다.

나는 진료를 먼저 해서 항생제 사용이 적절한지 확인하지 않으면 절대로 항생제를 처방하지 않는다. 그러니 할머니는 내가 갈 때까지 기다리셔야 한다. 당장 한 시간 내로는 힘들다는 것도 받아들이셔야 한다. 할머니 주치의에게 연락해봤지만 받지 않는다. 그 말은 항생제를 받아 왔다는 할머니의 말이 사실인지 확인할 수도 없고, 다소 강압적이고 무례한 이 환자에 관해 어떤 정보도 얻을 수 없다는 뜻이다.

어쨌든 나는 다시 아이들과 함께 다큐멘터리에 집중한다. 잠시 전, 할머니와의 통화 때문에 났던 짜증은 어느새 사그라든다. 그러나 다큐멘터리를 보기 위해 왕진을 미뤘다는 찝찝한 생각은 좀처럼 가시지 않는다. 그런 행동은 가정의로서 내가 지켜온 신념과 소신에 어긋난다.

다행히 이 인상 깊은 다큐멘터리가 끝날 때까지 전화는 다시 울리지 않았다. 조울증 환자인 주인공이 친구들에게 작별 인사를 하고 나서 많은 이가 울었지만, 오히려 그는 기뻐했다. 약물의 도움을 받아 죽음을 맞이할 수 있어서, 주변 사람들의 동행하에 안전하게 삶과 작별할 수 있어서 기뻐했다.

"어떻게 친구들에게 저런 짓을 저지를 수 있죠? 엑시트를 통해서라지만 그냥 자살한 거잖아요."

아들 녀석이 격분했다. 나는 환자가 자발적 조력 사망 의지를 논리적으로 정당화했고, 주변 사람들과 작별 인사를 나눌 수 있었다는 점을 강조했다. 그 과정에서 그는 많은 용기를 냈다. 은밀히 숨어 혼자서 자살하는 것보다 훨씬 더 큰 용기가 필요했으리라. 만약 그렇게 죽음을 택했다면, 남겨진 사람들은 영문도 모른 채 친구의 자살 이유를 알아내려고 애쓸 수밖에 없었을 것이다.

물론 이런 이야기를 나눌 때까지만 해도 오늘밤 어

떤 일이 벌어질지는 전혀 예상하지 못했다. 그 순간 전화가 울렸고, 안타깝지만 아이들과의 대화는 중단됐다. 이번에는 다른 할머니 전화다. 극도로 불안한 목소리다. 경험상 이건 분명 응급 상황이다. 몇 마디 나누어 보니, 아니나 다를까 내 직감이 맞다.

"남편이 볼링을 치러 갔다가 생각보다 일찍 돌아왔어요. 그런데 완전히 이성을 잃을 정도로 화가 나 있었어요. 그리고 나선 화장실에 쓰러졌고, 지금 온몸이 땀투성이에 제 말에 대답도 못해요."

일분일초가 급하다. 나는 당장 가까운 국경을 넘어 노부부가 사는 프랑스 작은 마을로 달려간다. 가는 길에 수만 가지 생각이 뇌리를 스친다. 심근경색이 가장 의심된다. 프랑스 국경을 넘는 일은 의료진에게나 환자에게나 악몽 같다. 스위스 구급차는 프랑스 출입이 불가한데, 프랑스 구급차는 당연히 환자를 프랑스 병원으로 이송한다. 그런데 나는 까다로운 응급 상황일 때 프랑스 병원에서 별로 좋지 못한 경험을 몇 번이나 했다.

밀루즈까지 가야 제대로 된 치료를 받을 수 있을 텐데, 현재 환자 상태로 거기까지 가기는 무리다. 환자가 정말 심근경색이라면 다시 스위스 국경을 넘어 바젤의 대학병원으로 이송해야 생존 확률이 가장 높다. 갑자기 길 한복판에 할머니가 나타난다. 전조등 불빛에 눈을 찌푸리고 있다. 촌각을 다툴 때는 이런 도움이 반갑다. 집을 찾느라 허비하는 일분일초가 삶과 죽음을 가를 수 있기 때문이다.

나는 이내 한적한 동네에 자리한 노부부의 집, 좁은 나선형 계단을 뛰어 올라간다. 로이 할아버지는 변기와 벽 사이에 몸을 구부린 채 쓰러져 있다. 다소 수척한 얼굴 주변으로 잿빛이 도는 머리카락이 땀에 흠뻑 젖어 있다. 뺨 주위 모세혈관이 붉게 팽창된 것으로 봐서 술을 자주 마신 것 같다.

차가운 석조 바닥에 쓰러져 있어 이미 경미한 저체

온중이 온 듯하다. 당장 담요가 필요하다. 나는 할머니와 함께 할아버지를 화장실 밖으로 옮긴 뒤, 담요로 감싸고 진찰이 가능한 위치로 자리를 옮긴다. 예상했던 대로 심근경색 가능성에 무게가 실렸고, 나는 곧바로 약물을 투여한다.

도와주러 온 이웃에게 할아버지를 병원으로 모셔 갈 차를 좀 준비해달라고 부탁했다. 그때 다행히 로이 할아버지가 의식을 되찾는다. 환자를 더 살펴보면서 몇 가지 질문을 해보니 예상했던 심근경색이 확실하다. 모든 징후가 심근경색을 가리킨다. 환자에게 약물을 추가로 투여하고, 이제 최대한 빨리 병원으로 이송해서 관상동맥 확장술을 받도록 해야 한다.

이웃 주민이 매트리스가 있는 낡은 해치백 차량을 준비해주었다. 이제 좁은 나선형 계단이 문제다. 로이 할아버지는 힘을 쓸 수 없고 써서도 안 되는 상황이다. 나는 이웃 주민에게 '바구니' 모양으로 환자를 들어 옮기는 방법을 설명한다. 각각 한 손은 환자의 허벽지 아래에, 다른 손은 등 뒤에 두고, 서로의 팔뚝을 단단히 잡은 채 그 사이에 환자를 앉히는 방식이다. 차에 도착할 때까지 절대 팔뚝을 놓쳐서는 안 된다고 거듭 당부한다.

우리는 환자를 안고 간신히 일어나 좁은 나선형 계단 쪽으로 향한다. 이웃 사람은 덩치가 좀 있어 계단이 좀 좁겠지만 힘은 훨씬 세다. 혹시 나처럼 허리에 문제가 있진 않을까?

아무튼 현재로선 아무것도 중요치 않다. 계단 안쪽에 서서 좁은 층계를 내딛으려니 균형 잡기가 힘들다. 넘어지지만 않으면 된다! 다행히 사고 없이 환자를 차로 옮긴다. 담요를 둘러 주었지만, 날이 추워 환자는 몸을 덜덜 떨고 있다.

환자에게 모르핀을 투여하고 곧바로 구토 억제제도 주사했지만, 그래도 이송 중에 구토를 할까 봐 걱정된다. 환자의 등에 쿠션을 받치고, 떨고 있는 몸을 깃털 이불로 한 번 더 감싸 안정적인 회복 자세를 만든다. 그제야 환자를 태운 차량이 바젤 대학병원으로 출발한다.

 나도 곧장 오베르빌로 출발한다. 호흡 곤란을 호소하던 할머니가 아직도 항생제를 기다리고 있다. 미리 늦을 거라고 얘기하지도 못했는데 벌써 밤 열 시다. 나는 화가 잔뜩 나 있을 할머니를 상대할 마음의 준비를 한다. 초조한 마음으로 초인종을 누른다. 진료실에서 항생제를 가져오느라 시계는 이미 열 시 삼십 분을 가리키고 있다.

 그런데 뜻밖에도 할머니는 친절한 얼굴로 문을 열어주신다. 비난은커녕, 이렇게 늦은 시간에 찾아와 줘서 고맙다며, 오히려 감사 인사를 건넨다. 늦어서 오기 힘들지 않을까 걱정했다며 너무 다행이라고 했다. 이 얼마나 달가운 반전인지! 진찰을 해보니 폐렴 치료가 늦어지면서 초기 폐부종(폐에 비정상적으로 체액이 고인 상태)이 온 것이다. 항생제뿐 아니라 심장 압력을 낮추고

폐의 물을 빼내기 위한 주사 치료도 필요하다.

빌레터 할머니는 내가 덜렁 항생제만 주지 않은 것에 감사하고, 나는 환자를 먼저 진찰해야 한다는 의사로서의 신념을 지킬 수 있어 기쁘다. 내일이면 할머니는 주치의를 만나 추가 검사를 할 수 있을 것이다.

아직 집으로 돌아갈 수 없다. 진료실로 돌아가 두 건의 왕진 기록을 써야 한다. 환자의 주치의들이 오늘 밤 있었던 일을 파악해야 하기 때문이다. 자정이 다 되어서야 집으로 돌아와, 피곤에 지친 몸을 침대에 뉜다. 하지만 잠들 수 없다.

로이 할아버지는 어떻게 됐을까? 생존하셨을까? 할아버지를 이송하기 위해 국경으로 스위스 구급차를 불러야 했나?

하지만 나는 6개월 전 국경에서 불러둔 구급차를 기다리느라 15분을 허비한 적이 있다. 내가 구급차를 고집하지 않았다면, 그 15분 이내에 환자는 안전하게 병원으로 이송될 수 있었을 것이다. 그래서 이번에는 이웃 주민에게 바로 병원으로 모셔달라고 부탁한 것이다.

내가 환자와 동행해야 하지 않았을까? 하지만 그러려면 비상 당직 시 내 책임하에 있는 환자들로부터 너무 오래, 너무 멀리 벗어날 수밖에 없었다. 도대체 어떻게 그 큰 체구의 할아버지를 안아 좁은 나선형 계단을 내려올 수 있었을까? 155cm 키, 45kg 몸무게에 허리도 성치 않은 이 몸으로 말이다. 그렇게 무리했는데 어떻게 허리 통증이 하나도 없지?

생각이 꼬리에 꼬리를 물고, 머릿속에 물음표가 끊이지 않던 그때, 전화벨 소리가 들린다. 아직 끝이 아니라고? 이제 더는 안 돼. 하지만 전화는 끈질기게 울린다.

이곳의 비상 당직은 분배가 잘 이루어져서 자주 돌아오지 않은 편이다. 그럼에도 나는 의무 당직일보다 더 자주 당직을 자청한다. 응급 환자들이 침착하고 차분한 의사에게 치료받는 것을 더욱 고맙게 여기는 모습을 보면, 나도 모르게 시간 가는 줄 모를 때가 많다. 그래서 나는 하룻밤 사이에 몇 번을 다시 일어나야 하더라도 비상 당직을 꺼리지 않는다.

결국 떠오르는 의문들을 베개 위에 남겨 두고 집중력을 최대한 발휘해 모질게 울리는 전화를 집어 든다. 너무나 어둡고 침울한 목소리다.

"피엘러 경관입니다. 자살 사건입니다. 당장 와주셔야 할 것 같습니다."

다리가 후들거리고 심장이 쿵쾅대지만, 마음을 다잡고 서둘러 출발한다. 2년 전에도 좋아했던 환자가 총기로 자살하는 바람에 영안실에서 신원을 확인해준 적이 있다. 순간, 관자놀이에 선명한 총상과 시신의 창백하고도 굳은 얼굴이 차창 위로 어른거린다. 하필 오늘인가. 방금 아이들과 엑시트 다큐멘터리를 보고 의견을 나눴는데……. 하필 지금, 총으로 자살한 환자를 마주해야 한단 말인가. 환자 집 앞에서 경찰과 마주친다.

"주 담당의가 먼저 도착해서 굳이 안 가보셔도 될 것 같네요. 사망 환자의 부모님께 바로 가주세요. 급히 선생님을 뵙고 싶어 한답니다."

'아, 주님, 감사합니다!'

자살한 환자를 목격할 운명을 피했다는 사실이 너무 다행스럽다. 밤늦도록 그 부모님을 돌봐드려야겠지만, 자살한 시신의 모습이 내 기억에 평생 각인되는 일을 피할 수 있다면 충분히 감수할 수 있다.

부모님이 살고 계신 아파트 주변은 칠흑같이 어둡다. 오직 한 집만 불이 환하게 켜져 있다. 저 불빛 안에서 얼마나 고통스러워하고 있을까? 절망일까? 공포일까? 자책일까?

나보다 열 살쯤 많아 보이는 부인이 문을 연다. 얼굴은 눈물로 얼룩지고 머리는 헝클어져 있지만 옷은 단정하다. 어머니는 단출하고 깔끔한 아파트 안으로 나를 안내한다. 아들은 자기 집에서 가져올 것이 있다며 잠깐 나갔다가 돌아오지 않았다고 한다. 우울증으로 병원에 있다 퇴원한 지 얼마 되지 않았다. 자살을 의심한 남편이 경찰을 부르고, 아들을 찾으러 나갔다고 했다.

부모님과의 대화는 오래 이어졌고, 그것은 우리 모두에게 큰 위안이 됐다. 지금까지 이 가족이 걸어온 고난의 길이 얼마나 험난했을지를 조금씩 알게 된다. 아들의 정신 건강 문제, 그로 인해 끊이지 않았던 근심, 아들을 도우려던 많은 노력들……

두 사람은 부모로서 최선을 다했고 아들의 끔찍한 선택에 대해 자책할 필요가 전혀 없다고, 비탄에 빠진 부모님을 애써 달랜다. 그 일을 막는 것은 부모의 능력 밖이었다.

나는 여전히 혼란스러웠지만 부모님이 느끼는 슬픔의 무게를 조금이나마 덜어 드린 데 안도하면서 칠흑같이 어두운 길을 따라 차로 돌아온다. 불 꺼진 가로등에 추위와 어둠이 어른거린다. 이 젊은 남자가 생을 저버린 것처럼 가로등도 제 빛을 저버렸구나. 부모님께 어둠과 슬픔, 수많은 의문과 자책만을 남겨둔 채……

 이로써 이례적인 비상 당직이 끝났다. 엑시트 다큐멘터리에서 한 조울증 환자의 인간적인 조력사망을 지켜보며 시작해, 한 할아버지의 생존을 위한 고군분투를 거쳐, 젊은 남자의 잔인하고 혹독하며 불편한 자살로 마감한 하루였다.
 무엇이 더 나은 선택일까? 사랑하는 이가 죽기를 원한다는 사실을 가족과 친구들이 충분히 동감한 후, 모든 이와 충분히 작별할 수 있는 조력사망? 평생 답을 알 수 없는 의문을 남겨둔 채 은밀하고 끔찍하게 총구를 겨누는 자살?
 다음 날 아침, 나는 로이 할아버지의 상태를 알아보기 위해 바젤의 대학병원에 전화를 건다. 도착 상황이 매우 이례적이긴 했지만, 상태가 양호했으며 즉시 수술을 진행했다고 한다. 관상 동맥 스텐트 덕분에 더 오래 사실 것이다. 부디 괴팍함이나 흥분은 좀 덜 해지시기를 바란다.

　이른 아침, 할머니가 개인적으로 연락을 주셨다. 빠른 처치에 고마웠다는 인사였다. 평소에는 좀처럼 없는 일이지만, 나에게는 가장 소중한 순간 중 하나다. 이런 감사의 말 한마디가 종종 찾아오는 육체적, 정신적 고단함에도 불구하고 내가 이 일을 기쁘게 계속할 수 있는 힘이 된다.

조력사망 상담 의사로서의 두려움

의사조력사망 인식 개선 활동에 적극적으로 참여하다 보니, 나는 항상 진료 환자 수가 줄어들까 봐 두렵지 않느냐는 질문을 받는다. 단순 완화의료가 아니라 의사조력사망을 인정하고 지지한다는 것이 공공연히 알려진 후로는 더욱 그렇다. 조력사망은 분명 논란이 많은 관행이며, 의료인 윤리 강령에 따르면 의사 권한에 속하지 않는다. 하지만 시간이 지나면서, 의료 조력사를 지지하면 환자가 줄어들 거라는 우려는 근거가 없다는 것이 자연스레 증명됐다.

애초부터 나는 자기 결정에 따른 자발적 조력사망

경험을 환자들에게 솔직히 공개해왔다. 물론 한 가지 제한은 둔다. 환자 스스로 조력사망 의지를 표현하지 않는 한, 절대 이 선택을 유도하지 않는다. 이런 나의 솔직함은 늘 이해와 인정을 끌어냈으며, 이 때문에 환자가 떠난 적은 한 번도 없다.

거부 반응을 보이는 사람은 오히려 환자보다는 동료들이다. 행여나 의료조력사에 대한 내 입장 때문에 환자 수가 줄 수밖에 없다면, 나는 남은 환자를 더 열심히 볼 것이다. 그게 모두에게 좋은 일이다.

안타깝게도 스위스의 의사 수는 점차 감소하고 있어, 현직 의사들은 원치 않아도 훨씬 많은 환자를 볼 수밖에 없다. 그러니 환자 수가 줄어들까 봐 걱정할 필요가 없다. 하지만 임종 시 자기 결정권을 옹호하는 사회 운동에 참여하는 것이 두려운 이유는 따로 있다.

2011년 9월 29일, 런던행 비행기가 흰 뭉게구름을 통과하며 엔진 소리를 낸다. 원래는 리스본으로 갈 계획이었지만, 목적지가 런던으로 바뀐 데는 브루너 부장 검사 때문이다. 그와 조력사망에 관해 두 시간 동안 의견을 나눴던 날이 떠오른다.

직접 만나 의논하려고 일부러 시간을 내준 브루너 검사가 지금도 정말 고맙다. 함께 죽음을 맞이하고자 하는 커플의 상담지로, 스위스가 아닌 커플의 거주지를 권한 것이 브루너 검사였다. 서로 얼마나 깊은 영향을 미치는지 더 정확하게 확인할 수 있지 않겠냐고 했다.

꼭 부부가 아니더라도 서로 친밀한 관계인 두 사람이 동시에 자발적 조력사망을 원하는 동반 조력사망의 경우, 혹은 치매 문제가 개입된 경우는 다른 어떤 때보다 더 면밀하게 임종 상황을 검토한다_{의료조력사가 제도화된 국가들에서는 일반적으로 정신 질환이 주된 기저 질환인 경우, 의료조력사 자격에서 제외된다. 이는 정신 질환으로 인해 자기 결정 능력이 손상되었을 가능성이 높다고 보기 때문이며, 조력사망의 핵심 요건인 자발적이고 명확한 의사 표현이 충족되지 않을 수 있기 때문이다. 치매의 경우 정신 질환이 아}

니라 신체 질환으로 인한 인지 기능 저하로 간주되며, 일부 국가에서는 회복 불가능한 신체적 질환으로서의 치매에 대해 의료조력사를 허용하고 있다. 이때 판단의 핵심 기준은 환자의 기억력이나 운동 능력보다는 결정 능력(Capacity to decide)이 유지되고 있는지 여부다. 오늘날 많은 사람들이 암보다 치매를 더 두려워한다고 응답하고 있으며, 이로 인해 자기 결정 능력이 상실되기 전, 즉 치매의 초기 단계에서 의료조력사를 요청하는 사례가 나타나고 있다. 그러나 이는 아직 생의 시간이 충분히 남아 있을 수 있는 시점에서 죽음을 선택하게 만든다는 점에서, '이른 죽음'이라는 윤리적 문제로 지적되고 있다. 또한 치매 환자의 조력사망에 대한 보다 신중한 사회적, 법적 논의가 필요하다는 목소리도 함께 제기되고 있다. 이번 상담은 이렇게 동반 조력사망을 원하는 커플과 예정돼 있다. 게다가 남자가 치매 환자이기 때문에 판단을 내리는 상담 의사에게는 위험 부담이 두 배다.

이런 특수한 상황 때문에 나와 나의 소중한 파트너 마르쿠스는 사흘간의 휴가를 반납하고, 런던 한복판에 사는 이 부부를 만나러 이곳까지 날아오게 됐다. 브루너 부장 검사가 두려운 거냐고? 아니다. 두려움의 문제라기보다는 존중의 문제에 가깝다. 무엇보다 나는 검사님의 명확하고도 일관되며 솔직한 태도를 높이 평가한다.

몇 달 전 통화할 때 검사님은 내가 아직 젊고 퇴직도 아직 멀었으니, 조력사망 근처에는 얼씬도 말라고 충고했다. 그런 일은 환갑 지난 은퇴한 의사에게 남겨두라고 했다. 나이가 그 정도로 많으면 의사 면허가 취소돼도 그리 치명적이지는 않을 테니.

브루너 검사의 충고는 위협으로 느껴지지 않고 자식을 걱정하는 아버지의 충고처럼 들렸다. 나는 브루너 검사의 "런던에서 직접 부부를 상담해보라."는 제안을 곱씹은 끝에, 엑시트와 그가 협의한 내용을 따르기로 했다. 그렇게 함으로써 위험 부담을 최소화하고 싶었다. 나는 일반의라는 내 직업에 열과 성을 다해 헌신하고 있다. 만에 하나라도 의사 면허가 취소된다면 나와 환자에게 모두 엄청난 재앙이다.

"선생님, 오래오래 저희 곁에 계실 거죠? 관두실 일

은 없죠?"

환자들은 자주 이렇게 묻는다. 가정의로서 들을 수 있는 가장 큰 칭찬이다. 하지만 일반 환자를 보는 일만큼이나 의료조력사 일도 보람되다. 브루너 검사가 한 선의의 충고나 내가 감수해야 하는 위험 부담에도 불구하고, 나는 이 일을 결코 포기할 수 없다.

이제 우리는 영국 영공을 날고 있다. 빌과 바이올렛 부부와의 만남이 기대된다. 부부가 디그니타스에 의무 기록을 보낸 지는 이미 1년이 넘었다. 그들은 스위스에서의 조력사망 가능성을 시사하는 '잠정 허가' 신호를 기다리고 있다.

빌 할아버지는 알츠하이머 환자다. 알츠하이머병은 치료가 불가한 진행형 퇴행성 뇌 질환으로, 결국 환자는 인지 기능을 완전히 상실하게 된다. 바이올렛 할머니는 여러 가지 퇴행성 질환으로 현저한 신체 장애를 겪고 있으나 정신 건강은 온전하다.

나는 지난 한 해 동안 서신과 전화로 부부와 정기적으로 상담해왔다. 빌 할아버지는 가족과의 관계가 각별했기에, 가능한 한 오래 살고 싶어 하신다. 하지만 치매가 진행되면 어떤 모습으로 변해갈지 너무도 잘 알고 있기에, 아직 스스로 결정할 수 있을 때 고통에 마침표를 찍고 싶어 한다. 그는 법적 심신 상실로 판정받아 스위스에서도 의료조력사를 거부할까 봐 가장 두려워한다.

바이올렛 할머니의 경우는 다르다. 그녀는 이미 살아갈 이유를 잃어버린 지 오래다. 아픈 남편이 아니면 할머니는 벌써 1년 전에 의료조력사로 그 지독한 고통에서 벗어났을 것이다. 할머니는 연이은 수술에 완전히 지쳤다. 약물로는 통증이 잘 조절되지 않아 동맥과 악화된 관절 치료를 위해 수술을 여러 번 받아야 했다.

남편이 알츠하이머병 진단을 받은 후, 그녀 삶의 유일한 목적은 오직 그를 돌보는 일이다. 자신이 없으면 남편이 큰 집에서 혼자 헤맬 것을 알기에, 바이올렛 할머니는 병마 중에도 남편이 자발적으로 죽음을 결심할 때까지 곁을 지키겠다고 약속했다.

그러나 남편의 결정을 강요한 적은 한 번도 없다. 마지막 신경과 검사에서 할아버지의 뇌 기능은 훨씬 더 악화한 것으로 나타났다. 늘 총명하고 자신감에 가득 차 있던 할아버지는 이 때문에 위축되고 큰 불안에 휩싸였다. 결국 11월 중 스위스에서 조력사망을 하기로 결심했다. 더 늦어지면 인지 기능 상실로 간주되어 의지와 무관하게 요양원에서 살아야 하는 상황이 닥칠 수도 있었기 때문이다. 통화할 때마다 할아버지는 목소리를 높이셨다.

"내가 왜 거기 있는지도 모른 채, 손쓸 수 없이 악화할 때까지, 짐승처럼 갇혀 식물인간으로 살아가는 것만은 피하고 싶어!"

내 가방 안에는 부부의 병력, 영국에 있는 주치의가 보낸 의무 기록, 내가 쓴 상담 일지가 들어 있다. 할아버지와 할머니는 모르겠지만, 나는 항상 상담을 마칠 때 회원들이 가능한 한 더 살고 싶다고 마음먹기를 바란다. 빌 할아버지는 앞으로 적어도 두 달 정도는 인지 능력을 더 유지할 수 있을 것이다. 신경과 검사 결과 뇌 기능 일부만 악화했고, 의사결정 능력에는 큰 영향이 없다.

할아버지를 안심시켜 사랑하는 가족들과 크리스마스를 한 번 더 보내도록 설득할 수 있을지도 모른다. 나는 환자가 크리스마스를 앞두고 세상을 떠나지 않았으면 한다. 남겨진 이들은 그 기억을 안고 살아야 하기 때문이다. 오랫동안 크리스마스 시즌만 되면 가슴 아픈 기억을 떠올려야만 할 것이다. 이런 생각들로 마음이 어지러워 점점 긴장감이 몰려왔다.

"승객 여러분, 좌석 벨트를 착용하시고 등받이를 제자리로 해주시기를 바랍니다."

비행기는 런던 공항에 착륙을 시작한다. 머리로는 런던에서 부부와의 만남을 기대하고 있지만 비행기가 공항으로, 공항 내 입국 사무소로 가까워지면서 마음이 점점 불안해진다.

1961년 제정된 영국 자살법은 자살을 원조, 사주, 상담, 알선하는 경우 최대 14년 형의 실형에 처한다. 나처럼 스위스에서의 조력사망을 승인하기 위해 영국으로 입국하는 사람에게도 이 조항이 적용되지 않을까? 불안은 돌연 두려움으로 바뀐다. 출입국 관리 직원이 내 신원을 파악해 입국을 거부하면 어쩌지? 취리히 부장 검사가 내건 조건에 맞추려다가 무슨 상황에 놓인 거지?

넉 달 전만 해도 나는 여행객으로 런던을 방문하는 데 거리낌이 없었다. 당시에는 BBC 다큐멘터리 〈테리 프래쳇이 만난 죽음을 선택한 사람들Terry Pratchett-

Choosing to Die〉 때문에 잡힌 패널 토론에 참여하러 왔었다. 그런데 그 이후로 나는 영미권에서 자발적 조력사망을 하러 스위스로 오는 사람들이나, 그 문제에 관심이 있는 사람들에게 매우 친숙한 인물이 됐다.

그게 도움이 될 때도 있지만 지금 같은 상황에서는 오히려 문제가 되지 않을까? 저번 패널 토론에 참석했다는 이유로 내 이름을 위험인물 리스트에 올려두지 않았을까? 내 짐을 검사하다가 디그니타스 회원인 부부의 관련 자료를 발견하면 어떻게 될까?

이 일로 나뿐만 아니라 빌 할아버지와 바이올렛 할머니, 두 분의 기록을 공개해준 주치의까지 위험에 빠지는 게 아닐까? 법적 책임 소지는 없나? 서류를 기내 반입용 가방에 넣었어야 했나, 아니면 마르쿠스에게 들어달라고 해야 했나?

나와 성이 다르니 마르쿠스까지는 확인하지 않을 테고, 그러면 내가 체포되더라도 디그니타스 회원 부부와 주치의는 보호할 수 있을 텐데…….

입국장에 들어서자, 공포는 더 극심해진다. 마르쿠스의 반응은 쉽게 예상할 수 있다. 제멋대로 상상력이 펼쳐지고 부정적인 생각에 휩싸일수록, 마르쿠스는 더 긍정적이고 논리적으로 접근한다. 분명 이런 걱정이나 하는 나를 놀릴 게 뻔하다.

드디어 내 차례다. 나는 젖 먹던 힘까지 짜내어 최대한 무덤덤한 표정으로 입국 심사관에게 다가간다. 어두운 블라우스를 입은 젊은 심사관이 손짓으로 나를 부르고, 나는 그녀에게 여권을 건넨다. 그녀가 나를 지나치게 오래 응시하는 듯한 기분은 그저 내 착각일까?

불안감이 치솟는다. 마르쿠스는 옆 카운터에서 이미 입국 심사를 마치고 안전한 입국 심사장 바깥에서 웃으며 기다리고 있다. 나를 응원하는 그의 미소에 살짝 마음이 놓인다.

그때 여권을 확인하던 심사관이 나를 쳐다보더니,

"TV에서 뵌 적 있는 분이네요."라며 불쑥 말을 건넨다. 다리에 힘이 빠져나가고 안 그래도 점점 쪼그라들던 나는 땅 밑으로 그만 꺼지고 싶다. "그럴 수도 있겠네요."라고 대답하면서, '어린 시절 그렇게 엄격한 모범생 교육을 받지 않았으면 얼마나 좋았을까' 생각한다. 거짓말하는 법도 좀 배웠더라면, "잘못 보셨어요!"라고 대답할 수도 있었을 텐데 말이다.

침묵 속에 몇 초가 흐르고, 무슨 말이 또 나올까 두려워하고 있는데 심사관이 말한다.

"선생님이 하시는 일을 존경해요. 정말 중요한 일을 하고 계세요."

그러면서 나를 체포하는 대신 여권을 되돌려준다. 만약 자발적 조력사망 합법화 활동으로 영국 입국을 금지당했다면, 그것은 분명 내게 큰 시련일 것이다. 하지만 설사 그렇더라도 의사조력사망 인식 개선 활동이나 임종 시 자기 결정권을 위한 사회 운동에는 아무런 걸림돌이 되지 않는다.

우리는 사흘간 빌 할아버지, 바이올렛 할머니 부부와 시간을 보낸다. 그 시간 동안 두 분의 걱정과 필요는 물론, 기쁨의 원천이 무엇인지도 조금씩 알게 된다. 그들의 집에 머물며 할아버지의 인지력 결핍과 할머니의 신체 장애를 면밀히 관찰한다.

나에 대한 두 분의 믿음은 시간이 갈수록 커졌다. 마르쿠스와 내가 휴가를 위해 리스본으로 떠나기 전, 부부는 크리스마스 후까지 일정을 미루자는 제안을 흔쾌히 수락한다. 할아버지는 좀 더 짧은 간격으로 신경과 검사를 받기로 한다.

대신 할아버지의 인지 능력이 급격히 감퇴하면 즉시 스위스에서 의사조력사망이 가능하도록 적합 판정을 내리겠다고 약속한다. 그 약속 덕분에 부부는 자녀와 손주들과 함께 마지막 크리스마스를 다시 한 번 축하하기로 마음먹는다.

1월이 되어서야 부부는 의사조력사망 일정을 다시 잡아달라고 연락해왔다. 부부가 각각 스위스 의료진과 깊이 있는 상담을 진행했다. 할아버지는 남자 의사, 할머니는 나와 상담했다.

할머니는 남편에 대한 사랑으로 길고 긴 시간 동안 지속된 통증을 견딜 수 있었다. 이제 반복된 수술 치료도, 별 효과 없는 통증 치료도, 치료 불가능한 병마들도 모두 죽음 뒤에 남겨 두고 떠나는 것만이 그녀의 유일한 바람이다.

동반 조력사망은 마지막 이별의 순간이 특히 더 슬프다. 그런데 한편으론 이 부부에게 고집스러운 면도 있다는 것을 알게 됐다. 삶이 특별했던 만큼 죽음도 특별하다. 빌 할아버지는 침대에 누워, 바이올렛 할머니는 소파에 앉아 죽기를 원한다. 자기 성격이 너무나 강한 두 사람은, 결국 서로 떨어진 곳에서 각자 마지막 죽음의 잔을 들이킨다.

그런데 영면에 들기 전 마지막 순간, 바이올렛 할

머니가 일어나 자기가 고른 자리를 떠난다. 남편을 향한 이런 사랑이 있었기에, 할머니는 할아버지의 병세가 악화해 스스로 자발적 조력사망을 결심할 때까지 극심한 통증을 견뎌낼 수 있었으리라. 이제 아픈 육신에서 벗어난 자유로운 영혼으로, 할머니는 할아버지와 같은 자리에 나란히 있고 싶은 듯하다.

할머니가 할아버지 침대 곁에 다가서자, 할아버지는 팔을 뻗어 할머니를 위한 자리를 만든다. 할머니가 눕고 할아버지는 할머니를 끌어안는다. 마치 한 몸이 된 것처럼 서로 감싸 안은 부부는 저세상으로의 여행을 떠난다.

브루너 부장 검사는 이번 케이스를 그 어느 때보다 면밀히 조사할 것이다. 2012년 6월 현재 이 사건은 여전히 법원에 계류 중인 두 건 중 하나며, 엑시트 30주년 즈음에 브루너 검사가 직접 언급했다는 사실도 알고 있다. 언제, 어떻게 기소될지 몰라 마음이 무겁다. 하지만 지금으로선 그 문제를 잠시 내려놓는다. 그리고 때가 되면, 그 다리를 건너게 될 것이다.

무엇을 위해 이 일을 하고 있는지 잘 알고, 그때 만난 입국 심사원의 말처럼 나는 중요한 일을 하고 있으며, 많은 사람들이 그 일을 인정한다는 것도 안다. 검사나 주 담당의가 조사를 통해 위중한 환자를 돕는 데 있어 개선할 점을 제시한다면, 나는 그런 건설적인 비판에 항상 열려 있으며 감사히 받아들일 것이다.

그렇다. 의사조력사망 기관에서 상담 의사로 일하는 것은 결코 쉬운 일이 아니다. 가정의학과 의사의 일도 쉽지만은 않지만, 의료조력사 지지 캠페인으로 인해 내가 의사로서 질지도 모르는 법적 책임의 위험은 가늠하기도 힘들다.

앞에서도 밝혔듯, 나는 누구보다 가정의로서 내 직업에 열과 성을 다한다. 회복을 도울 수 있는 환자에게 둘러싸여 있기에도 시간이 부족하다. 자발적 조력사망 케이스를 다루는 일이 특히 더 힘든 이유는 치료를 위해 할 수 있는 것은 다 해보고, 더 이상의 치료 옵션이 없는 말기 환자를 만나야 하기 때문이다. 다시 말해 그들은 질병과의 싸움에서 완전히 패배했으며, 어떤 약도 무기가 되지 못한다.

"탄창에 총알이 없다."

의사들이 종종 입에 올리는 말이다. 명사수 빌헬름 텔조차 결국 화살이 다 떨어졌던 것처럼. 내가 의사조력사망 판단을 내리는 엑시트 회원들은 모두 회복 가능성이 전혀 없다. 스위스에 왔을 땐 이미 모든 치료 옵션에 실패하고 수개월간 죽고자 하는 의지를 다진 후다. 그들의 유일한 희망은 존엄한 죽음이다.

보통 회원들과 2주에 두 건 정도 상담을 진행하다 보니, 환자의 죽고자 하는 의지를 판단하는 데 따르는 극심한 정신적 압박과 진료실에서 환자를 대하는 일 사이에서 균형을 잘 유지해야 한다. 무엇보다 모든 의사조력사망 판단에는 의사로서 위험 부담이 있다. 의료조력사 판단의 근거가 되는 관련 법률이 없다 보니, 판단 지침으로 삼을 만한 것은 스위스 윤리위원회의 권고뿐이다.

당국은 치사량의 SP로 시행된 의료조력사 케이스 모두 '의문사'로 간주하므로 적극적 안락사_{안락사는 일반적으로 타인에게 죽음을 야기하는 고의적·직접적 행위로 그를 고통 없이 죽게 하는 것을 말하는데, 그 종류를 두 개의 유형으로 보통 구분한다. 행위 양태를 중심으로 적극적 안락사와 소극적 안락사로, 환자의 자발적 의사 여부를 중심으로 자발적 안락사·비자발적 안락사·무자발적 안락사로 구분한다. 그중에서도 적극적 안락사(Active euthanasia)는 환자의 죽음을 초래하는 데 의사의 능동적인 행위가 결정적으로 개입하는 경우를 말한다}, 나아가 살인 가능성을 확인하는 적법 절차에 따라 조사해야 한다. 그렇기 때문에 의사는 각각의 의사조력사망 판단 사례마다 수사, 또는 기소의 위험이 있다.

브루너 부장 검사와의 통화 내용이 바로 어제 일처럼 귓가에 선하다.

"의사 일이 소중하다면 디그니타스 일은 은퇴를

앞둔 의사에게 맡기는 게 좋을 거요. 선생은 앞으로 한참 더 의사로 일하길 원할 텐데 의사 면허가 취소될 위험이 너무 커요."

처음에는 검사님의 충고에 겁먹기도 했지만, 디그니타스 일을 그만두지 않기로 했다. 다만 더 세심하게, 조심스럽게 일하는 쪽을 택했다. 포기는 내게 선택지가 아니었다. 의사조력사망 일이 옳고도 중요한 일이라는 단단한 믿음이 있었기에 가능했다.

브루너 검사와 통화, 그리고 이어진 만남의 계기가 된 사건이 떠오른다. 2010년 봄, 시골 호텔에서 나를 기다리는 80세 할머니를 만나러 가고 있다. 중증 장애로 혼자 여행이 힘든 할머니는 딸과 함께 스위스까지 왔다.

취리히 고지대 작은 마을을 찾아가는 동안 죄책감이 밀려온다. 의료조력사 상담 때마다 항상 느끼는 감정이다. 이 죄책감의 편린들은 목적이 자발적 조력사망이 분명한 환자를 만나러 달려갈 때면, 항상 나를 찾아온다. 이 마음의 '장벽'을 완전히 넘어서기는 평생 어려울 것이다.

이런 죄책감은 어디서 올까? 의사가 따라야 할 히포크라테스 선서? 죄인이라는 자책을 불러일으키는 깊은 신앙심? 인생과 노인에 대한 애정?

그분들에게 삶과의 이별을 가져다주기보다는 건강한 삶을 되돌려드릴 수 있다면 얼마나 좋을까. 그게 나에게는 가장 소중한데……

트럭을 추월하는데 '동물이 타고 있어요'라는 문구가 눈에 들어온다. 트럭의 나무 울타리 사이로 동글동글 말린 돼지 꼬리와 귀가 튀어나왔다. 한 마리가 주둥이를 틈새로 밀어 넣어 필사적으로 거친 숨을 내쉰다. 저 동물들은 지금 어디로 끌려가고 있을까? 오늘 죽게 될까? 죽음에 대한 공포와 삶에 대한 간절함이 공존하는 마지막 여정일까?

취리히로 가는 길에 자주 가축 트럭을 보곤 하는

데, 그때마다 중증 환자들이 느끼는 죽음에 대한 엄청난 갈망을 떠올린다. 그들은 고통을 멈추고 싶은 간절함이 너무 커, 삶을 마감하러 스위스까지 먼 길을 떠나는 수고를 마다하지 않는다.

"사람을 동물에 비교하면 안 되지!"

이렇게 나를 질타한 친구도 있다. 맞는 말이다. 하지만 극심한 고통에 시달리는 환자들은 자주 내게 묻는다.

"반려견이 견딜 수 없이 아프면 안락사로 해방시켜주는데, 왜 인간만 이 방법을 허락받지 못하나요?"

이것이야말로 도덕적 딜레마가 아닐까?

마침내 호텔에 도착해 소나무 가구와 꽃 그림 액자가 아기자기하게 배치된 방으로 들어선다. 부서질 것 같은 몸에 백발의 할머니가 누워 있다. 얼굴 가득한 굵은 주름에 그녀의 삶이 쉽지만은 않았으리라 짐작할 수 있다.

스미스 할머니는 여러 번의 수술에도 불구하고, 관절염과 척추관 협착증으로 고통이 날로 극심해져 가고 있었다. 기력이 점점 쇠하면서 더 많은 돌봄을 받아야 했다. 1년 동안은 그마저도 몸이 성치 않은 딸의 돌봄을 받았는데, 이제는 24시간 돌봄이 필요한 상태가 됐다.

"나는 독립적인 사람이에요."

이렇게 말하는 스미스 할머니 얼굴에 지친 기색이 가시고 결연함이 묻어난다.

"영국에서 요양원 몇 군데를 전전했지만, 단 한 곳도 편하지 않았어요. 가능한 모든 방법을 고심해봤지만, 결국 스위스에서 의료조력사를 통해 존엄하게 이 세상과 마지막 이별을 하는 것 말고는 길이 없더군요. 장애도, 끊임없는 통증도 더 이상 감당할 힘이 없어요. 그런데 왜 노인 요양원에서 피할 수 없는 죽음을 그저 마냥 기다려야 하는지, 정말 모르겠어요. 딸이 세상을 떠나면, 결국 나도 요양원이라는 감옥에 다시 보내질 게 뻔한데 말이에요."

딸도 같은 호텔에 머물며 각자가 자발적으로, 그러나 함께 삶을 끝내고자 하는 상황이다. 암 환자인 딸은 모든 치료 옵션을 다 시도하고도 실패한 상태였지만 어머니를 계속 돌보겠다는 의지가 강하다. 하지만 암은 이미 온몸으로 전이됐고 통증을 조절해줄 수 있는 치료제도 없다.

긴 상담 중에 할머니는 모든 표현을 동원해 통증이 얼마나 극심한지 표현한다. 인생의 의미 있는 순간들을 하나하나 돌아보는 것도 고통을 견디는 데 도움이 된다. 할머니 얼굴에 이따금 미소가 스치면서 깊은 주름도 살짝 부드러워지는 듯하다.

매 순간 그저 동반 조력사망을 원하기만 하는 것은 아니다. 아직 명철함을 잃지 않은 맑은 정신의 할머니는, 이 결론을 내리기까지 아주 오랜 시간 진지하게 심사숙고했다는 것을 강조한다.

한 시간 반이 흘러, 나는 이 자신감 넘치는 할머니와의 상담을 마친다. 할머니는 오랫동안 내 손을 잡고 있다. 할머니의 깊고 푸른 눈을 보니 최근 노인 요양원에서 사망한 환자가 떠오른다. 몇 달간 볼 때마다 환자는 항상 죽을 때가 얼마 남았냐고 묻곤 했다. 그렇지만 그 할머니는 한 번도 안락사를 언급하지 않았다. 내가 먼저 '제안'해야 했을까? 동반 조력사망을 위해 먼 길을 온 이 할머니의 소원을 거절해야 하나?

나를 응시하는 할머니의 파란 눈을 피해 다시 한 번 뼈만 앙상하게 남은 연약한 손을 힘주어 잡은 후, 그 방을 떠난다. 집으로 돌아오는 길, 할머니가 요양원에 관해 하신 말씀이 맴돈다. 수련의 시절 나는 지방자치 단체에서 운영하는 노인 요양원의 환경을 전반적으로 겪어 봤다. 정말 나 역시 그런 기관에서 죽음을 기다리며 마지막을 보내고 싶지는 않다.

이틀 후 다시 할머니를 찾아간다. 백발의 할머니는 미소를 띠고 나를 맞이하며 외친다.

"행여나 내가 마음을 바꿀 거로 생각하는 건 아니겠지요? 여기서 목표를 달성하지 못하면 이 고통을 끝낼 다른 방법을 꼭 찾고야 말 거예요."

할머니의 눈은 결연한 의지로 빛나고 어깨에도 살짝 힘이 들어간다. 연약한 할머니의 몸이 크고 강인해 보인다. 할머니는 전투에 나설 준비가 된 듯했다. 이제야 할머니가 입고 있는 유독 젊은 스타일의 화려한 블라우스가 눈에 들어온다. 앙상한 얼굴에 긴 머리를 늘어뜨린 것도 확고한 의지의 표현인 것 같다.

오늘 상담도 긴 시간 진행된다. 상담에 더 시간을 들이는 이유는 딸이 죽는다는 사실이, 어머니의 죽고자 하는 의지에 영향을 주는지 확인하는 것이 무엇보다 중요하기 때문이다. 다시 한 번 서로 의견을 나눈다. 나는 다시 한 번 깊이 고민한 끝에, 마침내 그녀에게 SP를 처방하기로 결정한다.

그로부터 몇 달 후, 편지 한 통을 받았다. 그 편지는 이후 오랫동안 내게 걱정거리가 됐다. 스미스 할머니의 딸에게 SP를 처방한 의사가 직무 유기 혐의를 받고 있다는 내용이었다. 그런데 그 의사가 입수한 정보에 따르면 어머니의 의료조력사를 판단한 의사도 기소당할 예정이라고 했다이는 후에 잘못된 정보로 밝혀진다. 어머니와 딸이 서로의 의사결정에 영향을 주었다는 것이 혐의의 근거였다.

사실 나는 이런 문제를 충분히 예상했다. 그래서 바로 그 부분을 명확히 하기 위해, 그토록 긴 시간을 들여 빈틈없이 상담했던 것이다. 주 담당의가 연락하기만을 기다렸다. 하지만 아무리 기다려도 연락은 오지 않고 기다림만 계속됐다.

12월 중순까지도 주 담당의로부터 연락은 없다. 호주 휴가 중에도 기소 걱정에 시달린 나는, 결국 돌아오자마자 브루너 검사에게 연락해 이번 동반 조력사망 건과 계류 중인 다른 두 소송에 대해 알아보기로 한다.

그의 전화번호를 누른다. 전화를 건 이유를 설명하자 비서관이 바로 브루너 검사를 연결해준다. 그런데 전화 너머로 들려오는 브루너 검사의 목소리가 의외로 친절하고 서글서글하다. 게다가 취리히에서 직접 만나 조력사망 문제를 논의하면 어떻겠냐는 제안까지 한다.

검사님이 나를 기소한 사건은 왜 아직도 바젤시 주 법원으로 넘어가지 않았는지 모르겠다고 한다. 내가 진료 행위를 하는 지역은 바젤시 외곽이기 때문에 바젤 지역 사법부 관할이 아니라는 것을 알려주고 나서야, 브루너 검사는 서류를 다른 관할 지역에 잘못 접수했다는 것을 깨닫는다.

이 무슨 운명의 장난인지, 쓸데없이 두려워했던 것이 되어 버렸다. 게다가 브루너 검사는 그사이 동료 의사의 기소 건도 철회되었기 때문에, 여기서 나를 고발해도 의미가 없을 것 같다는 의견을 내비쳤다. 안도의 한숨을 내쉬며 이제 다시 평화롭게 잠들 수 있겠다고 생각한다. 다가올 브루너 검사와의 미팅도 차분하게 기다릴 수 있을 것 같다.

2009년 봄, 오늘 나의 임무는 루게릭병 환자인 52세 캐나다 여성의 의료조력사 여부를 판단하는 것이다. 운동 신경 질환인 루게릭병은 치료가 불가한 진행성 질환이라 종국에는 모든 근육이 마비된다. 불과 6개월 전만 해도 그녀는 로키산맥 투어를 담당하는 산악 전문 가이드였다. 그런데 투어 중 자꾸 전신, 특히 다리의 힘이 빠지면서 반복해서 넘어지는 일이 발생했던 것이다.

오늘 상담 장소는 취리히 외곽 호텔이다. 작고 수척한 환자가 마비된 몸으로 침대에 누워 있다. 더블 침대가 당장이라도 환자의 몸을 집어삼킬 것만 같다. 사지는 이미 마비됐고, 최근에는 삼킴 장애까지 왔다. 쉰을 갓 넘긴 나보다도 젊은 환자다. 대화는 우울할 수밖에 없고, 그녀의 기구한 운명을 바라보며 슬퍼하는 내 마음 역시 숨길 수 없다. 하지만 테일러씨는 어떤 불평도 하지 않는다.

"이 무자비한 불치병에 걸린 건 불행이지만, 이렇게 스위스에서 삶을 마무리할 수 있다는 건 행운이에요. 그 행운에 감사해요. 정신은 여느 때보다 맑은데 기능을 모두 잃은 몸에 갇혀 점점 악화되다가, 결국 식물인간이 되는 수모는 겪고 싶지 않거든요. 인간의 존엄성을 잃지 않고 죽을 수 있어 기뻐요."

그녀에게 '인간의 존엄성을 잃지 않고 죽는다는 것'은 어떤 의미냐고 묻는다. 그녀는 이미 깊이 생각해본 듯 바로 대답한다.

"저에게 인간다움이란 곧 자기 결정권을 갖는 거예요. 그게 내가 짐승과 다른 점이죠. 더 이상 내 일을 내가 결정할 수 없다면 타인이 나를 좌지우지하게 되고, 나는 더 이상 인간답다고 느끼지 못할 거예요. 그래서 지금 여기 스위스에서 스스로 죽기를 결정할 수 있다는 것에 감사해요. 물론 우리나라에서는 그럴 수 없어 안타깝기도 해요. 하지만 그런 선택이 가능해지려면, 아직 바뀌어야 할 것들이 많죠."

그녀의 말이 인상 깊다. 질병에서 자유로워지기 위해 스위스에서의 조력사망을 선택하고, 여행조차 버거운 몸으로 긴 여정을 감행한 테일러씨의 마음을 이제 나는 온전히 이해할 수 있다.

다음 날 테일러씨 아들의 전화를 받는다. 호텔 로비에서 어머니의 조력사망 계획을 얘기해 버렸다며 사과한다. 호텔 측에서 디그니타스 관계자의 출입을 금지하면서 테일러씨를 만나러 갈 수도 없게 됐다. 사실 언젠가는 이런 일이 일어날지도 모른다고 생각했다. 지금껏 상담차 호텔을 방문할 때 왕진 가방을 가져가지 않은 이유도 이 때문이다. 의사조력사망을 실시할 때면 항상 호텔 관리자와 문제가 생기다 보니 의사라는 것을 들키고 싶지 않았다.

테일러씨는 호텔 밖에서 상담을 받을 수 있는 상태가 아니다. 그래서 몰래 들어가는 수밖에 없다. 나는 두 번째 상담을 위해 신분을 숨기고, 떨리는 마음으로 환자의 방으로 향한다. 발각되어 호텔에서 쫓겨날까 봐 가슴이 쿵쾅거린다. 이제 테일러씨는 병마뿐 아니라 호텔에서 추방당할지도 모른다는 공포와도 싸워야 한다. 내가 출입 금지령을 어기고 다시 호텔에 들어갔기 때문이다.

상담은 필수적인 내용에만 집중한다. 대신 호텔 옆 카페에서 테일러씨 자녀들을 만나 임종 시 자기 결정권에 대해 대화를 나눈다. 자기 나라에서도 언젠가는 자발적 조력사망 권리가 인정되기를 바라는 어머니의 깊은 열망에 대해서도 오랫동안 얘기한다. 자녀들도 캐나다에서 의사조력사망이 합법화될 수 있도록 캠페인 활동에 적극 참여하겠다고 다짐한다2015년 2월 6일, 캐나다 대법원은 Carter v. Canada 판결(2015 SCC 5)을 통해 의료조력사를 전면 금지한 형법 조항이 「캐나다 권리자유헌장」 제7조에 명시된 생명권, 자유권, 안전권을 침해한다고 판단하고 해당 조항의 헌법적 효력을 상실시켰다. 대법원은 의사결정 능력이 있는 성인이 치료 불가능한 중대한 건강 상태로 인해 지속적인 고통을 겪는 상황에서, 자신의 신체적 온전성과 자율성을 스스로 결정할 권리를 국가가 금지하는 것은 위헌이라고 판시했다. 이 판결을 반영하여, 캐나다 연방의회는 2016년 법안 C-14「형법 개정 및 기타 관련 법률에 대한 개정법(의료조력사 : Medical Assisted in Dying)」을 제정함으로써 의료조력사를 합법화했다. 이에 따라 의료조력사를 받을 수 있는 환자의 요건을 다음과 같이 명시했다. ① 심각하고 치료가 어려운 질병, 질환 또는 장애를 가지고 있을 것. ② 되돌릴 수 없는 기능 저하가 상당히 진행된 상태일 것. ③ 해당 상태로 인해 지속적이고 참기 어려운 신체적 또는 정신적 고통을 겪고 있으며, 이를 본인이 수용 가능한 방식으로 완화할 수 없을 것. ④ 전체적인 의학적 판단에 비추어 자연사가 합리적으로 예측되는 상태일 것(단, 구체적인 생존 기간 예측은 요구되지 않음).

상담을 마치자, 불안감이 살짝 스민다. 호텔의 출입 금지 명령을 어겨서가 아니라 테일러씨와 긴장된 환경에서 상담했기 때문이다. 이런 불편한 환경에서 상담해야 하는 현실이 안타깝지만, 호텔 관리자의 우려도 충분히 이해한다. 빨리 호텔 관리자들과 신뢰를 회복해 호텔에서도 다시 의료조력사가 시행될 수 있기를 바란다. 이 분야에서 일하는 다른 의사들도 조력사망을 상담할 때 비슷한 문제를 겪는지 궁금하다.

나는 두려움에 빠질 때면 아버지께서 하셨던 말씀을 떠올린다.

"두려움도 좋은 거야. 미리 조심하도록 해주니까. 그렇지만 두려움이 너를 무력하게 만든다면, 그땐 집어치워 버려. 방해가 될 뿐이니까."

그래서 나는 이런 두려움을 모두 집어치우고, 그저 확신을 갖고 자발적 조력사망 활동을 이어 나간다.

죽음, 그후

 죽음의 두려움, 떨쳐 버릴 수 없는 것이다. 의사조력사망을 통한 세상과의 의식적 이별을 알기 전까지, 나는 이 두려움을 얼마나 자주 목격했던가. 잠들듯, 꿈꾸듯 고통 없이 영면에 드는 일은 매우 드물다. 그러나 나는 내 환자를 통해 이 드문 순간을 경험했고, 모든 사람이 이렇게 죽을 수 있기를 바라게 됐다.

 험악한 돌산에 둘러싸인 스위스 좁은 골짜기, 사람들 모두 가진 것은 적어도 행복하게 살아가는 어느 마을에서 죽음을 맞이한 한 환자의 이야기다.

1996년 5월로 돌아간다. 호흡 곤란을 호소하는 73세 할아버지가 진료소를 찾아왔다. 산악 지방 진료 경험이 풍부한 동료 의사가 휴가를 떠난 5주간, 나는 이곳의 대체 의사로 근무 중이다. 장담컨대 이 환자는 오랜 기간 자신을 봐 온 주치의가 아닌 나를 찾아오기까지, 내키지 않는 마음을 극복하느라 엄청 애썼을 것이다.

외모만 봐도 나는 그의 주치의와 정반대다. 이 진료소의 주인은 키가 크고 어깨가 넓으며, 알프스의 강렬한 햇살에 그을린 건강한 피부는 금발 머리와 대비되어 더욱 빛난다. 늘 환한 미소를 짓는 탓인지 양쪽 눈가에는 깊은 주름이 자리 잡았다. 무엇보다도, 그는 남자다.

반면 나는 아주 작고 눈에 띄지 않는 데다, 여자다. 시골에서는 특히 이런 조건이 환자와 신뢰 관계를 형성하는 데 부정적인 영향을 미친다. 나는 여러 번의 경험으로 이것을 잘 알고 있다. 하지만 장점도 있다.

갈색 머리를 아주 보수적이고 촌스러운 스타일로 길게 땋아 늘어뜨릴 수 있기 때문이다. 역시 여러 번의 경험으로 이런 머리 스타일이 시골에서 신뢰감을 준다는 느낌을 받았다.

고로, 늘 그렇듯 슈폰 할아버지는 더 이상 참을 수 없을 때까지 버티다가 아내와 함께 진료소를 찾아왔다. 심장 효율이 점점 떨어지면서 호흡 곤란이 심해지고 있었다. 심장이 효과적으로 혈액을 펌프질하지 못해 폐포에 체액이 찼다. 몇 마디 말에도 숨이 찬 할아버지는 어떻게 이 지경이 됐는지 설명하는 동안에도 몇 번이나 숨을 고른다.

정밀 검사 결과 상태가 위중하다. 심장 청진에서 들리는 쇳소리와 가래 끓는 소리로 보아 심장 판막은 이미 제 기능을 못하는 상태인 데다, 곧 심부전이 올 것으로 예상된다.

나는 슈폰 할아버지에게 급히 병원에 입원해 추가 검사를 받고, 필요하면 외과적 시술을 받아야 한다고 권고한다. 할아버지는 별로 듣고 싶지 않아 보이지만, 될 수 있으면 심장 중환자실이 잘 갖추어진 병원으로 가시라고 강조한다.

수년간 대체 의사로 산간벽지를 진료하러 다니다 보니, 산골 사람들은 도시 사람들과 사고방식이 다르다는 것을 깨달았다. 그래서 할아버지가 내게 감사 인사를 전하면서도 내 제안을 거절했을 때 전혀 놀라지 않았다. 할아버지의 낮고 거친 목소리가 강한 억양을 담아 진료실에 울려 퍼진다.

"이 마을을 떠날 일도, 중환자실에 들어갈 일도 절대 없어. 태어난 곳도 여기고 평생 살아온 곳도 여기니, 죽음도 여기서 맞이할 거야."

진료실은 고요하다. 할머니는 이해할 수 없다는 표정으로 나를 쳐다본다. 내게 뭔가 바라는 게 있는 것일까? 할아버지 마음을 돌려놓기 위해 한 번 더 노력해봐야 할까?

할아버지의 단호한 태도는 어떤 가정이나 반대도 통하지 않을 듯하다. 모두 그의 결정을 받아들일 수밖에 없다. 슈폰 할아버지는 운명을 받아들일 준비를 마쳤다. 죽음이 찾아오는 순간 당신의 마을, 당신의 집, 당신의 거실에서 그것을 맞이하고자 한다.

'처음 보는 중환자실 의사, 수많은 의료 기기와 튜브 나부랭이'보다 내가 할아버지를 훨씬 더 잘 돌봐준다고 확신하신다. 나는 다시 한 번 분명히 강조한다. 병원에 가면 생존 확률이 90%지만 집으로 돌아가면 치명적 합병증으로 사망할 확률이 90%라고.

그러거나 말거나 할아버지는 요지부동이다. 설득해보려는 할머니의 노력도 결국 수포로 돌아가고, 나는 할아버지께 필요한 약을 챙겨드린다. 작별 인사를 나누며 악수를 하는데, 할아버지가 내 손을 으스러질 듯 움켜쥐신다. 진료실을 떠날 때도 호흡이 힘겨워 보였지만, 의사로서 나의 판단을 전적으로 믿는다며 고마움을 표하신다.

할아버지가 떠나신 후 나는 심장 전문의에게 자문을 구한다. 그는 산골 사람들의 이런 방식에 이미 익숙하다는 듯 전화하기를 잘했다며 나를 안심시킨다. 다음 날 슈폰 할아버지는 다시 검사를 받으러 오신다. 이번에는 잘 웃고 말씀도 술술 하신다. 때로 그런 모습이 몸의 속임수라는 것을 잘 알지만, 할아버지의 밝은 기운이 내게도 전염되는 것 같다.

다른 환자에게 왕진을 가는 길, 나는 슈폰 할아버지 댁을 지나친다. 할아버지는 발코니에 앉아 손을 흔들며 내게 밝게 인사하신다. 손을 흔드는 것은 만남의 인사도, 헤어짐의 인사도 될 수 있다. 해가 떠오르는 그 순간, 할머니와 할아버지의 작은 통나무 오두막이 신비로운 온기와 평화의 빛을 내뿜는다.

그날 늦은 오후, 할머니가 잔뜩 떨리는 목소리로 전화를 걸어왔다. 그날 아침, 할아버지는 요새 들어 가장 컨디션이 좋아 보였다고 한다. 점심 식사 후 낮

잠을 주무셨고, 그 틈을 타 할머니는 장을 보러 다녀왔다. 그런데 내게 전화할 때까지도 할아버지는 잠에서 깨지 않으셨다. 걱정이 된 할머니는 바로 올 수 있냐고 묻는다. 치료 중이던 환자에게 급히 왕진을 가야 하는데 기다려 줄 수 있냐고 물으니 흔쾌히 양해해준다. 본능적으로 알 수 있다. 그렇게 많은 연세는 아니지만 할아버지가 이제 떠나실 것 같다고.

거실로 들어설 때 나를 맞이한 그 평화로운 풍경을 아직도 잊을 수 없다. 나무 냄새가 나고 창틀에는 밝은색 제라늄이 색을 뽐내고 있다. 활짝 열린 창밖으로 검은지빠귀가 지저귀는 소리가 들린다. 마치 할아버지 곁에서 마지막 이별의 노래를 불러주려는 것 같다. 마음을 위로하는 색채의 향연 아래 할아버지가 누워 있다. 아름답고 고풍스러운 소파에 누워, 할아버지는 눈을 감고 새의 노래를 감상하는 것 같기도 하고, 멋진 꿈속을 헤매는 것 같기도 하다.

그러나 할아버지의 영혼은 마지막 여행을 떠난 지

이미 오래다. 할머니가 장을 보러 가신 그때, 늙고 나약해진 당신의 육체를 떠나신 것 같다. 어떤 몸부림도, 어떤 고통도 없다. 축복으로 가득 찬 미소를 통해 할아버지가 이미 자유로워졌음을 알 수 있다. 사후 경직이 부분적으로 진행되고 있다.

할머니는 두 분의 결혼 생활이 화목했던 만큼 몇 년 만이라도 더 할아버지와 함께하고 싶었단다. 할머니는 무척 슬퍼하면서도 한편으론 남편이 원하던 대로 집에서 죽음을 맞이하게 돼 다행이라고 한다. 무엇보다 할아버지께서 편안하고 친숙한 집 거실에서 미소를 띠고 이 세상을 떠나신 것에 안도감을 느낀다.

할아버지는 마치 떠날 줄 알고 계셨던 것처럼 전날 아내와 모든 일을 정리하셨다고 한다. 마지막 순간에 할아버지는 무엇을 보셨을까? 할아버지의 얼굴이 내뿜는 평화의 빛이 정답을 말해준다.

슈폰 할아버지가 편안하게 돌아가신 지 이틀 후, 한 할머니의 딸이 다급하게 전화를 걸어왔다. 여든이 조금 넘은 어머니께서 일주일 동안 아무것도 드시지 않아 진료실까지 올 기력이 없으니, 왕진을 와줄 수 있겠냐는 부탁이었다.

왜소하고 수척한 시골 할머니가 침대에 누워 계신다. 장미 수가 놓인 베개가 할머니의 여위고 앙상한 등을 받치고 있다. 세월의 흔적이 역력한 깊은 주름들이 얼굴에 가득하다. 할머니는 나에게 길고도 보람 있었던 당신의 삶에 대해 말씀하신다.

"딸들이 나를 잘 돌봐주고 있어요. 요양원에 들어갈 필요는 없겠지요."

떨리는 목소리로 할머니의 말씀이 이어진다.

"부족한 건 전혀 없어요. 다만 이것으로 내 삶은 완전하고, 이제 그만 생을 마감할 때가 왔기 때문에 곡기를 끊기로 결심한 것뿐이에요."

너무나 차분하고 확신에 찬 할머니의 말씀에 가슴

이 먹먹하다. 어떻게 굶어 죽을 생각을 할 수 있지? 곡기를 끊는 것도 괜찮은 죽음의 방식이 될 수 있을까? 나로서는 도저히 동의하기 힘들다.

슈폰 할아버지의 평화로운 죽음 후 며칠이 흐르고, 또다시 할머니 따님의 전화를 받는다. 오늘이 두 번째 왕진이다. 할머니는 극심한 통증을 겪고 계시는데, 지난번 처방해드린 약으로는 전혀 진통 효과가 없다. 필요하면 오래 머물려고 일부러 저녁 시간에 왕진을 잡는다.

방에 들어서는데 갑자기 섬뜩함을 느낀다. 제2차 세계대전 당시 독일 강제 수용소에서 굶주림과 고통에 시달린 사람들의 모습이 이랬을까 싶다. 너무 말라 뼈만 앙상하게 남은 할머니는 이불을 반쯤 덮고 침대 위에 누워 있다. 퀭한 눈은 감겨 있다. 새하얀 이불이 검은 낯빛과 극명히 대비된다. 늘어진 가죽 같은 팔의 피부와 뼈 사이에 이제 아무것도 남지 않은 것 같다. 저런 육체에 어떻게 목숨이 붙어 있을 수 있을까?

인기척에 할머니가 눈을 뜬다. 눈을 둘러싼 구멍이 너무 커져서 안구가 마치 깊고 광활한 우주에 박힌 작은 행성 같다. 하지만 그 작은 눈에서도 빛과 생명이 뿜어져 나온다.

할머니의 입술은 소리 없이 움직이기 시작한다. 나는 침대에 앉아 할머니의 입에 거의 닿을 정도로 귀를 기울인다. 쇠약한 목소리가 겨우 들린다.

"이제 죽게 해줘요, 선생. 오래 걸리지 않을 거예요. 이 지독한 통증만 좀 어떻게 해줘요."

눈물로 얼룩진 딸의 얼굴에 나도 눈물을 삼키기가 힘들다. 결국 고통에 신음하는 할머니께 '버터플라이' 주사를 놓기로 한다. 버터플라이 주사는 나비 모양처럼 얇은 바늘과 캐뉼러라는 얇은 관이 양쪽으로 붙어 있어 필요시 딸이 모르핀을 주입할 수 있다.

나는 딸이 어머니가 원하시는 대로, 그렇지만 통증을 조절하는 데 꼭 필요한 만큼만 모르핀을 줄 수 있을 거라 믿는다. 할머니는 마지막 순간까지 의식을 온전히 유지하고 싶다며, 모르핀으로 인해 정신이 흐려진 상태로 세상을 떠나고 싶지 않다고 분명히 말씀하신다.

이것이 바로 완화의료다. 환자의 편안한 임종 과정을 돕고 고통을 완화하는 것이 목적이다. 내가 의대에 다닐 때는 완화의료를 배우지 않았다. 1980년까지만 해도 의료 행위로 인정받지 못했다.

왕진 후 전에 연락했던 병원에 다시 전화를 건다. 버터플라이 주사와 모르핀 권장 용량이 모두 적절하다고 해서 다행스럽다. 이후로도 아침저녁으로 매일 들러 할머니 상태를 확인한다. 환자가 이런 고통 속에서 며칠을 더 견뎌야 하는지 생각하면 끔찍하다. 화장실을 갈 만큼의 기력도 남지 않은 지 오래라 딸은 할머니께 기저귀를 채운다.

할머니 목욕은 비영리 간병 기관인 쉬피텍스에서 한다. 스스로 돌아누울 수 없어 어느 쪽으로 누워도 사지가 짓눌리면서 극심한 통증을 느낀다. 할머니를 위해 더는 할 수 있는 일이 없다는 것이 가슴 아프다.

의사소통도 거의 불가능하고 눈을 감고 누워 있는 게 다였지만 할머니는 불평하지 않는다. 아사 지경에 이른 몸이 생명의 끈을 놓기까지 이렇게 오랜 시간이 걸린단 말인가? 결국 슈폰 할아버지가 주무시다가 편안하게 돌아가신 지 딱 열흘 뒤, 이 작고 노쇠한 시골 할머니도 영원한 휴식에 들었다.

할머니의 딸과 내가 함께한 이 임종의 경험은 우리에게 무거운 질문을 남긴다. 할머니의 임종은 인간에게 존엄한 방식이었을까? 정신이 또렷할 때부터 그토록 죽음을 원했으면서도 끝내 할머니가 놓지 못한 것은 무엇일까? 미소를 간직한 채 떠난 할아버지, 길고 고통스러운 굶주림 끝에 떠난 할머니, 두 분은 모두 어디로 가셨을까?

다발성 경화증 환자였던 가라테 선수가 떠오른다. 간츠씨는 건강한 새 몸으로 태어나리라는 것을 굳게 믿었고, 제 삶의 목적에 맞지 않는 불치의 몸을 떠나기를 간절히 바랐다. 간츠씨에게 미래는 죽음과 함께 시작됐다.

한 이탈리아 여성과의 인상적인 만남도 잊히지 않는다. 나의 청신호를 받고 스위스로 온 분이었다. 처음 만나는 순간부터 아주 오랫동안 알고 지낸 것처럼 그녀에게 호감을 느꼈다. 우리는 나흘간 친밀하고도 깊은 대화를 나눴다.

그녀는 내게 힘들었지만 보람찼던 자신의 삶에 대해 이야기해주었다. 죽기 전날, 그녀는 유골을 산 호수에 뿌려달라고 부탁했다. 여러 해 동안 스위스 산악 지방에서 휴가를 보냈기 때문에 마지막 안식처로 이곳을 원했던 것이다.

그런데 부탁이 또 있었다. 상속자나 친척, 친한 친구는 없지만 누군가의 수호천사가 되는 것이 평생의 소원이라고 했다. 지금까지 지켜줄 대상을 찾지 못했을 뿐, 내 수호천사가 되고 싶다는 그녀의 바람을 허락했다. 그녀의 죽음은 그동안 감히 동반할 수 있었던 수많은 조력사망 중 가장 감동적이고 아름다웠다.

죽음의 묘약을 들이킨 후 그녀는 슈폰 할아버지처럼 얼굴에 환한 미소를 띤 채 잠들었다. 그때부터 내게는 나를 지켜보는 수호천사가 한 명 더 늘었다. 수호천사는 존재할까? 지옥이나 천국도 존재할까? 환생도 정말 있을까? 답은 아무도 모른다. 그래도 가끔은 수호천사들이 나를 지켜준다고 느낀다.

아무튼 '죽음 이후의 세상이 있는지, 영원한 생명이나 영혼 같은 것이 있는지' 하는 문제가 그토록 중요할까? 그보다는 어떻게 삶과 이별하느냐가 훨씬 더 중요하지 않을까? 고통이 너무 길진 않을지, 호흡 곤란이 너무 괴롭진 않을지, 죽음의 순간이 힘들진 않을지, 이런 걱정들 말이다.

삶의 마지막에 정성스러운 돌봄을 받을 수 있다는

믿음, 나아가 고통이 참을 수 없을 지경에 이르면 '완화진정_{완화진정제 투여}(Palliative sedation)는 말기 환자의 지속적인 고통이 다른 방법으로 완화되지 않을 때, 증상을 완화하기 위해 선택하는 의료적 처치다. 이 방법은 증상 완화가 일차적 목적이지만, 의식 수준을 낮추고 약물의 부작용으로 인해 죽음을 간접적으로 앞당길 수 있기 때문에 '간접적 안락사'로 분류되기도 한다. 의료인이 죽음의 가능성을 인지한 상태에서 시행하는 의료 행위라는 점에서, 이를 적극적 안락사(의료조력사)와 유사하게 보는 견해도 있다. 그러나 학문적으로는 생명의 단축을 직접적 목적으로 하는 적극적 안락사와 구분된다. 다만 실제 의료 현장에서 이러한 구분이 과연 명확한 실익이 있는지에 대해서는 의문이 제기된다'이나 자발적 조력사망과 같은 방법으로 존엄하게 죽음을 맞이할 수 있다는 믿음이 더 중요하지 않을까?

"죽음 이후에는 아무것도 없다. 모든 것이 무_無로 흩어진다. 나의 삶도 나의 고통도."

자발적으로 죽음을 선택하는 사람들이 많이 하는 말이다. 사후에 어떤 세상이 펼쳐질지 아예 고민해보지 않은 사람들도 있다.

그러나 의료조력사를 선택한 사람들이 모두 동의하는 것이 하나 있다. 사랑하는 가족과 친구들의 이해 속에서, 그들이 지켜보는 가운데, 빠르고 안정적이며 존엄한 방식으로 죽음을 맞이할 수 있어 너무 감사하다는 것이다. 그들에게는 이미 삶이 죽음보다 견디기 힘든 일이 되어 버렸다.

죽음보다 가슴 아픈 이별도 있다. 동반 조력사망 요청은 정기적으로 접수되는 편인데, 대부분 두 사람 모두 초고령인 경우가 많다. 평생 기쁠 때나 힘들 때나 항상 함께해온 두 사람이 여러 질병으로 노쇠하고 고통받게 되면서, 자신들의 의지로 같은 순간에 조력사망을 선택하는 것이다.

이번 경우도 영국인 부부다. 아내는 치료 불가능한 암이 여러 기관으로 전이돼 모르핀을 투약해도 고통이 극심한 상태고, 86세인 남편은 신체 장애로 매우 쇠약해졌다. 할머니의 조력사 여부는 다른 의사가 판단하고, 나는 할아버지를 담당하게 됐다.

동반 조력사망은 단독 조력사망보다 훨씬 더 신중하고 철저한 판단 과정을 거친다. 이 점은 아무리 강조해도 지나치지 않다. 단순히 당국의 조사가 훨씬 더 엄격하기 때문만이 아니라, 한 사람이 다른 사람의 의사결정에 영향력을 행사할 위험이 매우 높다는 것을 잘 알고 있기 때문이다.

내가 만난 노신사는 3년 전 실명에 가까운 눈으로도 오케스트라 지휘가 가능했다고 한다. 악단을 눈으로 보지 않아도 마음의 눈으로 전부 떠올릴 수 있었고, 악보도 암기해서 지휘할 수 있었다.

그런데 얼마 후에 청력마저 잃고 말았다. 보청기를 끼면 조용한 환경에서 사람들과 의사소통 정도는 겨우 가능했지만, 오케스트라 지휘는커녕 공연 관람도 이제 그에게 과거의 일이 되어 버렸다. 직접 악기를 연주해도 소리가 너무 왜곡되고 감이 멀어서 더 이상 음악을 즐길 수 없었다.

어머니의 죽음이 임박하자 딸이 아버지를 기꺼이 모시겠다고 했지만, 할아버지 스스로 절대 용납할 수 없었다.

"선생, 우리 솔직해집시다. 사랑하는 딸이 함께 있어도 볼 수 없는 늘 어두컴컴한 거실에 앉아 있다고 생각해봐. 눈이 멀어 낮과 밤도 구분 못하지, 손주들이 지척에 있어도 웃는 소리나 노는 소리도 들리지 않아. 그저 종일 기다리는 거야. 끔찍한 하루가 가고 다시 밤이 오기만을. 앉아 있으면 허리가 아프고 일어나 걸으면 팔다리가 아파. 암흑 속에 갇힌 나를 해방시킬 수 있는 건 오직 죽음뿐이야. 그런 삶에 무슨 의미가 있겠나? 선생이 나라면 어떡하겠어. 기회만 있다면 이제 끝내고 싶지 않겠나?"

이 질문에 나는 솔직히 답할 수밖에 없다. 아버지께서 자발적 조력사망으로 영면에 드시는 모습을 본 후, 나는 더 이상 죽음을 두려워하지 않는다. 나도 비슷한 상황에 부닥친다면 같은 길을 따를 것이다. 이

훌륭한 지휘자는 분명 말기 환자 아내를 두지 않았어도 자발적 조력사망을 선택했을 것이다.

결국 부부는 함께 SP를 처방받아 손을 꼭 잡고 영원을 향한 여정에 나섰다. 할아버지의 말씀처럼 저 세상에서도 깊은 믿음으로 서로를 알아볼 수 있을 것이다.

앞서 말한 것처럼 디그니타스 회원과 첫 상담을 하러 갈 때면, 나는 항상 어떤 양심의 가책을 느꼈다. 왜일까? 신앙 가운데 자랐기 때문일까? 실제로 선서를 한 적은 없지만 그래도 히포크라테스 선서 때문일까? 수일, 혹은 수주 내 사망이 예상되는 말기 환자에게만 의료조력사를 허용하는 스위스 의학 학술원의 권고 때문일까?

나는 답을 모른다. 어쨌든 환자와의 첫 만남을 향해 간다는 것은 곧 내게 극복해야 할 감정이 일어난다는 뜻이다. 내가 곧 누군가의 죽음을 위한 처방을 내리게 될지도 모른다는 생각을 억누를 수 없고, 억누르고 싶지도 않다. 나는 매번, 매 순간마다 내가 하는 일이 정당한가, 책임질 수 있는가를 자문하는 것이 지극히 옳고도 필요한 일이라 믿는다.

그러나 1차 상담 후 집으로 돌아오는 길이면 기분이 사뭇 달라진다. 환자를 만나는 순간 나는 그의 두려움, 내가 그의 요청을 거절할지도 모른다는 두려움을 본다. 상담 후 약 처방에 필요한 기본 조건을 다 충족했음을 확인하면, 그제야 환자와 나는 기쁨과 안도감을 나눈다.

하지만 정말 옳은 결정인지 다시 한 번 확신하기 위해 숙고 기간을 최소 이틀은 더 거쳐야 한다고 고지한다. 2차 상담이 완료되고 나서야 비로소 환자는 빠르면 이번 주 안에 죽고자 하는 의지를 실현할 수 있다. 집으로 돌아오는 길, 그들에게 단지 죽음만이 아니라 견딜 수 없는 고통으로부터의 해방도 가져다준다는 것을 다시 한 번 확신한다.

우리는 이제 죽음을 대하는 태도, 그중에서도 타인의 죽음을 허용하는 태도를 바꿔야 한다. 지금까지 내 경험으로 자발적 조력사망에는 고통이 따르지 않는다. 완화의료만으로 임종을 도왔던 많은 환자들이 맞이하는 고달픈 죽음과 정반대다. 계획적으로, 평화롭고 행복하게 떠나는 의료조력사가 더 나은 대안이 될 수 있다. 나는 그렇게 믿는다.

나는 누구인가?

우리는 2010년 봄에 와 있다. 나는 바젤 근교의 한 마을, 작은 테라스가 딸린 집 거실에 앉아 있다. 지금도 여전히 부드러운 쿠션감의 의자에 몸을 기대고 있다. 30분 전, TSR 스위스 프랑스어 방송과의 인터뷰도 이 의자에서 진행했다. 이제야 긴장을 좀 내려놓고 인터뷰를 돌아본다. 방금 전까지만 해도 얼마나 긴장했는지 모른다. 그리고 TV 진행자 앞에서 이렇게 디그니타스 일에 관해 상세히 공개하는 것이 옳은지 계속 자문한다.

프로그램 관계자 세 명이 온갖 장비를 가지고 약속

한 시각에 우리 집을 방문했을 때, 나는 차분한 척하려고 무진 애썼다. 하지만 실제로는 포식자의 냄새를 감지하고 겁에 질려 도망치려는 사슴처럼 속으로 벌벌 떨었다. 다행히 나는 도망치지 않고 제작진을 맞이했다.

진행자가 차분하게 질문한다. 얼굴과 이름은 공개하지 않기로 했다. 당시 취리히에서 학교를 다니는 아들이 엄마가 디그니타스에서 일한다는 사실이 공공연히 알려지면, 곤란한 일이 생길까 걱정하고 있었다. 나는 아들을 위해 내 견해를 공개적으로 표명하지 않겠다고 약속했다.

사려 깊은 진행자는 아들의 걱정을 충분히 이해했고, 내 뒤에서 촬영하거나 손만 비추는 방식으로 촬영을 진행했다. 질문들은 대부분 내가 예상하고 준비한 범위 안에서 이루어졌다. 그런데 갑자기 전혀 준비되지 않은 질문이 던져졌다.

"당신은 누구십니까?"

내가 누구냐고? 무슨 뜻이지? 몇 초의 정적이 흐르고 나서야 그 질문이, 삶과 죽음을 결정짓는 권한에 관한 질문임을 깨달았다.

인터뷰는 모두 끝났고, 내 말은 하나하나 녹화되어 이제 번복할 수 없다. 나의 답변은 과연 적절했을까? 극심한 고통 속에 있는 인간에게 계획적이고 평화로운 방식으로 고통스러운 삶의 마침표를 찍을 수 있는 권리를 부여하는 일, 그 행위에 대한 이해를 넓히고 싶었던 내 바람이 이번 인터뷰를 통해 조금이나마 전해졌을까?

여기서 그 행위는 기관사나 철로 관리원의 기억에 끔찍한 장면을 새기게 될 것을 알면서도 달려오는 기차에 몸을 던지는 행위를 의미하지 않는다. SP라는 확실하고 믿을 수 있는 약물을 의사에게 처방받아, 가족과 친구들에게 작별 인사를 마친 후, 그들이 함께하는 자리에서 또렷한 정신으로 그 약을 들이켜는 행위를 의미한다.

    이 포근한 의자에서 일어나고 싶지 않다. 온몸에 힘이 빠졌다. 얼굴과 이름을 공개하지 않은 것도 부끄럽다. 아들을 보호해야 한다는 핑계로 익명성 뒤에 숨은 내가 비겁한 것 같다. 하지만 나는 아직 준비되지 않았다. 아이들도 마찬가지로 아직 죽음에 개입하는 엄마의 일을 받아들일 준비가 되지 않았다.

    그런데 지금 이 순간, 윤기 나는 검은 머리에 한없이 착한 얼굴을 한 이 젊은 진행자가 내게 묻는다.

    "당신은 누구십니까? 자신이 누군가의 삶과 죽음을 결정할 수 있다는 사실을 어떻게 받아들이시나요?"

    정원을 마주한 큰 유리문을 열자 부드러운 바람이 얼굴을 스친다. 짧은 침묵 속에서, 의료조력사를 원해 먼 길을 왔지만 상담 후 내가 처방을 거부해 집으로 돌아갈 수밖에 없었던 환자들을 떠올린다. 시간이 흐른 뒤, 그들은 오히려 더 오래 고통을 견딜 수 있게 해줘서 고맙다고 전해왔다. 그중 대다수는 후에 다시 찾아와 가족들의 이해와 지지 속에서 또렷한 정신과 평온한 마음으로 마지막 여정을 떠났다.

그래, 나는 누구인가? 열정적인 51세 가정의학과 의사. 곧 성인이 될 세 아이의 엄마. 반려견 한 마리의 주인. 하루의 피로를 풀기 위해 매일 산책을 목표로 세우는 사람. 아버지의 도움으로 장만한 테라스가 있는 작은 집의 소유주. 차가 많이 다니는 큰 도로와 숲 사이에 있는 이 집으로 들어오면서, 우리 가족의 삶을 더 풍요롭게 해준 사람은 다름 아닌 아버지였다.

내가 페루 원주민 혈통의 앨버트 슈바이처가 되기를, 의학을 전공하기를 바라던 사람도 아버지였다. 원래 나는 자연, 그중에서도 조경학을 좋아했다. 하지만 아버지를 기쁘게 해드리고 싶어 의사가 됐다.

엑시트와 디그니타스를 통해 인간이 누려야 할 존엄한 죽음을 돕기로 결심한 것도 아버지의 약물 자살 시도가 계기였다. 의료조력사가 있었기에 아버지는 기차에 뛰어드는 끔찍한 선택을 피할 수 있었다. SP라는 약물을 통한 조력사망 덕분에 아버지가 딸의 품안에서 평화롭게 죽음을 맞이할 수 있음을 가르쳐준 사람 역시 아버지였다.

이렇게 아버지의 도움으로 여기까지 온 나는, 지금 내가 누구인지 고민하고 있다…….

"당신은 누구십니까?"

2011년 6월, 다른 방송의 인터뷰 진행자가 나에게 다시 이 질문을 던진다. 그동안 적절한 답변을 고민해 봤지만, 아직 찾지 못했다. 아니, 어떤 답변도 충분히 만족스럽지 않았다. 그 질문에 나는 이번에도 똑같이 놀란다.

오늘도 나는 의자에 앉아 있지만, 이곳은 편안한 우리 집이 아니라 런던의 한 방송국이다. 원래 이번 성령 강림절 주말 휴가에는 삶의 파트너 마르쿠스와 긴 등산 여행을 가기로 계획했다.

그런데 수요일에 런던 BBC 방송국에서 심상찮은

전화를 받았다. 내가 출연한 다큐멘터리 〈테리 프래쳇이 만난 죽음을 선택한 사람들〉이 성령 강림절 후 월요일에 방송된다는 것이었다. 방송 후에는 각각 의료조력사에 찬성, 반대하는 전문가가 네 명씩 참여하는 패널 토론이 예정돼 있었다.

BBC 뉴스나이트는 그날 가장 중요한 뉴스 꼭지를 최대한 상세하게 다루는 신뢰 높은 프로그램이다. 다큐멘터리에 직접 출연한 내가 이 프로그램에도 참여하는 것이 정말 중요하다고 했다. 디그니타스에서 오래 일하다 보니 의료조력사 홍보 활동은, 이전 TSR과 인터뷰를 할 때보다 내게 훨씬 더 중요해졌다.

'죽음을 선택한' 영국 남자의 임종을 기록한 이 다큐멘터리에 참여하기도 전에, 나는 이미 대중에게 신원을 공개하기로 결심했다. 더 이상 얼굴 없는, 이름 없는 조력사망의 대변인으로 남고 싶지 않았다.

나의 소중한 파트너 마르쿠스는 아주 멋진 사람이다. 도시 여행을 좋아하는데, 특히 런던을 사랑한다. 그래서 큰 고민 없이 마르쿠스에게 성령 강림절 주말 휴가를 등산 대신 런던으로 바꾸자고 제안했다. 역시나 그는 아무 불만 없이 좋다고 했다. 나는 비행기를 예약하고 BBC의 출연 제안을 수락했다.

여행을 준비하면서 두려움도 차츰 사라질 줄 알았는데 점점 감당할 수 없는 일을 벌인 게 아닌지 걱정이 됐다. 텔레비전 인터뷰를 해본 적은 몇 번 있지만 패널 토론에 참여한 적은 없었다.

학교에 다닐 때부터 많은 사람 앞에서 말하기를 부끄러워했고, 지금도 여전하다. 그제야 런던에서, 그것도 영어로 진행되는 생방송 프로그램에 덜컥 참여하기로 하다니, 내가 과대망상증에 빠진 것은 아닌지 의심스러울 정도였다. 그러나 '내가 뿌린 씨는 내가 거둘 수밖에' 없었다.

그래서 지금 나는 BBC 방송국 스튜디오의 커다란

의자에 앉아, 흔적도 없이 파묻히지 않으려 애써 몸을 앞으로 기울이고 있다. 차분한 백발의 진행자는 친절해 보이지만, 혹시라도 어려운 질문을 던질까 봐 가슴이 쿵쾅거린다.

진행자가 텔레프롬프터를 보면서 프로그램을 소개한다. 그런데 갑자기 한 찬성 측 패널이 진행자의 설명이 완전히 틀렸다며 동의할 수 없다고 반론을 제기한다. 진행자가 주제에 대해 전혀 사전 조사를 하지 않은 것이 분명하다. 아니라면 데비 퍼디가 소송에서 패소하지 않고 승소했다는 것을 모를 리가 없다 다발성 경화증을 앓던 영국인 여성 데비 퍼디는 디그니타스에서 의사조력사망을 원했으나, 남편이 스위스행에 동행할 경우에 영국법상 실형을 받을 수 있다는 사실을 알게 된다. 이에 그녀는 안락사를 도운 가족이 처벌받아서는 안 된다는 취지의 소송을 제기했고, 2009년 영국 대법원에서 승소했다.

다행히도 라이브 방송이 시작되기 전 리허설에 이런 일이 벌어졌다. 틀린 대본이 수정됐고, 진행자는 처음부터 다시 시작한다. 이때부터 진행자에 대한 신뢰가 급격히 떨어진다. 심각한 오류뿐 아니라 사전 검토조차 허술한 것으로 봐서, 진행자는 이 주제에 거의 문외한인 듯하다. 그런데 그때 바로 그 진행자가 다시 내게 묻는다.

"당신은 누구십니까?"

그 순간 나는 여전히 만족할 만한 답을 준비하지 못했음을 깨닫는다. 그런데 답을 찾지 못한 것이 아니라 내가 대답을 억눌러 온 것이 아닐까? 삶과 죽음의 문제를 결정할 수 있는 것은 오직 신뿐일지도 모른다. 그러니 그 질문은 "당신이 신 행세를 하는 것이 아니냐?"는 비난을 담고 있다. 그리고 지금까지 나는 그 질문에 대한 답을 억누르고 있었던 것이다.

"물론 저는 신이 아닙니다. 저는 제가 '문지기,' 혹은 '관문'의 역할을 한다고 생각합니다. 충분한 고민 없이 성급하게 죽음을 선택하거나, 논리적 근거 없이 결정하거나, 사회적 압박에 의해 강요받아 죽음을 선택하는 일이 없도록 막는 역할 말입니다."

그러나 외국어로 내 생각을 명확히 표현하기란 너무 힘들다. 게다가 그사이 진행자는 이미 다른 패널에게 질문하고 있다.

나는 누구인가? 그때부터 계속해서 이 질문을 곱씹어 왔다.

열다섯 살 때 나는 삶을 끝내고 싶었다. 너무 괴로워 살 가치가 없다고 느꼈다. 아버지와 새어머니 사이의 팽팽한 긴장과 증오를 더 이상 견딜 수 없었다. 부모님은 내가 모든 일에 최고인 것을 당연하다고 여겼지만, 한 번도 칭찬해주거나 고마워하기는커녕 이해해준 적도 없었다. 한 번도 내 삶이 어떤지, 행복한지 불행한지, 필요하거나 부족한 것이 있는지 물어봐준 사람이 없었다.

내가 누구인지, 왜 이토록 괴로운 삶을 버텨야만 하는지 도무지 알 수 없었다. 당시 나는 심각한 우울증으로 자살 충동에 시달리고 있었다. 너무 많은 젊은 이들이 나와 비슷한 상황에서 충동적으로 생을 포기한다. 나는 운이 좋았다. 선생님들이 내 상태를 알아채고 살뜰히 돌봐주셨다.

그런데 지금 돌아보면, 오히려 그 어두운 시간이 있었기에 절박하게 자살을 시도하려는 청년들의 마음을 조금이나마 이해할 수 있게 됐다는 점이 다행스럽다. 그때 삶을 끝내지 않고, 이렇게 살아 있다는 사실에 깊이 감사한다. 그런 나는 과연 누구인가?

그 질문을 떠올릴 때마다 정답에 아주 조금씩 다가가고 있는 것 같다. 나의 운명은 내게 생명을 위한 과업을 주었다고 믿는다. 긍정적인 확신을 갖고, 그 과업에 진심을 다할 수 있다. 무엇보다 의사조력사망 합법화를 위한 사회 운동에 참여할 수 있어 자랑스럽다. 그리고 앞으로도 그 활동을 계속해 나갈 것이다.

'인생'에 대한 생각으로 다시 돌아가, 그 옛날 '인생은 짧고, 너덜너덜해진 어린애 옷 같은 거'라고 표현했던 아버지의 말씀에 나는 전적으로 반대한다. 인생은 우리가 받은 가장 소중한 선물이다. 우리는 각자 자신의 삶에서 저마다 아름다운 결실을 맺을 책임을 부여받았다.

아버지에게 삶은 너무도 길고 견딜 수 없는 것이었지만, 인생의 마지막 장에 84세 할머니와 진정한 사랑에 빠져, 다시 한 번 최고의 행복을 맛봤다. 마지막 뇌졸중이 일상과 사랑을 완전히 앗아갈 정도로 치명적이지 않았다면, 지금까지도 삶은 살만한 거라고 여기셨을 것이다.

2011년 8월, 벌써 저녁 7시다. 힘든 근무를 끝내고 진료실을 나서자, 쨍쨍하던 여름 햇살이 이제 겨우 훈훈하다. 아직 오늘의 마지막 환자가 남았다. 거주 요양 시설에 계신 어브 할머니다. 할머니는 밤낮없이 "저기요!"를 외쳐 대서 위아래 층에서 항의를 받는다. 중증 시각 장애와 청각 장애 환자인 어브 할머니를 나는 참 좋아한다. 치매도 심하지만 내가 할머니를 안고 귓가에, "의사 왔어요!"라고 큰소리로 말하면 항상 나를 잘 알아본다.

소리를 지르는 것 말고도 해결해야 할 문제가 있다. 지속적으로 어지러움을 호소해 가족들의 걱정이 이만저만한 게 아니다. 내 앞에서 방을 한 바퀴 돌아보라고 했더니, 군인처럼 방을 행진하신다. "오른쪽으로 도세요!"라는 요구에 한 치의 흔들림도 없이 홱 돌아 다시 나를 향해 돌진한다. 현기증의 기미는 전혀 없다. 처방전을 살짝만 바꿔 진정제를 약간 늘린다. 사실 할머니의 증상 때문이라기보다는, 할머니의 외침 소리에 짜증 난 다른 거주민들을 위해서다.

이곳에 노인들을 만나러 올 때마다, 나는 내가 어떤 사람인지 정확히 알게 된다. 정신이 없는 환자들, 그래서 자주 방해가 되는 환자들을 약으로 진압하지 않고 가까스로 거슬리지 않을 만큼만 처방하는 머리를 길게 땋아 내린 키 작은 의사. 그런 행동이 도저히 용인되기 힘든 수준이라고 판단되면 할머니는 이곳을 떠나야 할지도 모른다. 그래도 나는, 그 위험을 감수한다.

어브 할머니는 혼자일 때 소리를 지른다. 시각 장애와 청각 장애, 치매로 길을 잃어서다. 거실에서 다른 노인들과 어울리지 않고, 혼자만의 컴컴한 외로움에 갇혀 소리를 지른다. 왜 소리를 지를까? 아무도, 어쩌면 할머니 당신도 모를 것이다.

"어머나, 내가 또 소리를 질렀다고? 정말 미안해. 다시는 안 그럴게."

사람들의 불평에 할머니는 이렇게 대답하지만, 방에 홀로 남으면 다시 소리를 지르신다. 진정 효과가 완벽할 만큼 약을 투여하는 것이 할머니에게 오히려 더 도움이 될까? 그러면 더는 가족들이나 나와의 만남을 기다리지도 못할 텐데. 그게 더 나을까? 환자를 깨울지 잠재울지를 결정할 수 있고, 결정해야만 하는 나는 누구인가?

어브 할머니는 치매 때문에 스스로 결정을 내릴 수

가 없다. 그래서 가족들과 주치의인 내가 할머니를 대신해 결정을 내려야 한다. 할머니가 기쁘게 인사할 때마다 나도 기쁘기 때문에, 계속 할머니께 진정제를 과도하게 투여하지 않고 있다. 그저, 이것이 옳은 선택이고 환자를 위한 일이기만을 바랄 뿐이다.

 이제 퇴근 시간? 얼토당토않다! 이제 의료조력사 상담 의사로 역할을 바꿔 조 할아버지를 만나러 바젤로 간다. 조 할아버지는 역 근처 호텔에서 나를 기다리고 있다. 1년도 훨씬 더 전에 1차 상담을 받으러 스위스에 왔었다. 그때는 무슨 일이 있어도 바로 2차 상담을 하고, 최대한 빠른 시일 안에 조력사망을 할 작정이었다.

 취리히 호수에서의 첫 만남을 잊을 수 없다. 조 할아버지는 아내가 밀어주는 휠체어에 앉아 있었다. 하늘은 더없이 푸르고, 태양이 가차 없이 내리쬐는 날이었다. 호숫가 늙은 밤나무가 마련해준 그늘에서 할아버지와 이야기를 나누고 싶었다.

그런데 휠체어용 경사로가 없어 다섯 계단을 올라야만 했다. 조 할아버지는 굴하지 않고 아내에게 계단 난간으로 휠체어를 밀어달라고 했다. 그리고 나서 오른손으로는 철제 난간을 잡고 왼손으로는 항상 가지고 다니는 울퉁불퉁한 지팡이로 몸을 지탱했다. 엄청난 힘이 필요했지만, 그래도 성공적으로 계단을 오르기 시작했다. 그 모습을 보고 조 할아버지가 너무 빨리 스위스에 온 것 같다는 생각이 들었다.

상담 중 조 할아버지는 가족과 친구들에게 다가올 죽음을 알리지 않았다고 고백했다. 조 할아버지는 아직 그에게 줄 것이 남아 있는 삶으로부터 몰래 도망치려 하고 있었다. 다발성 경화증으로 인한 통증이 조절 불가능하고 견디기 힘든 환자들도 많은 반면, 조 할아버지의 통증은 아직은 참을 만해 보였다.

결국 조 할아버지는 1차 상담 후 다시 집으로 돌아가야 하는 회원 중 하나가 됐다. 나는 조 할아버지에게 상태가 현저히 악화하거나 신경병증성 통증이 조절 불가하고 견디기 힘들어지면, 그때 다시 의료조력사를 신청할 것을 권했다. 그뿐 아니라 자발적 조력사망 의지를 최대한 많은 가족과 친구들에게 솔직히 말하라고 부탁했다.

그리고 이제, 조 할아버지는 나와의 2차 상담을 기다리고 있다. 이 상담 결과를 바탕으로 할아버지에게 약물을 처방할지, 다시 한 번 집으로 돌려보낼지 결정할 것이다.

30분이 흐른다. 부부의 도착이 늦어진다. 드디어 꼭 1년 전처럼 아내가 미는 휠체어에 탄 조 할아버지의 모습이 나타난다. 조 할아버지는 밝게 빛나는 얼굴로 반갑게 나를 부르신다. 여전히 처음 만났을 때 들고 있던 울퉁불퉁한 지팡이를 손에 쥐고 있다.

그 모습이 마치 백성을 탈출시키기 위해 지팡이로 바다를 가르려는 모세 같다. 심해지는 장애, 악화하는 고통, 끝없이 떨어지는 삶의 질로부터 탈출을 준비하는 모세.

아내와 누이가 호텔에 체크인하는 동안 나는 조 할아버지와 단둘이 시간을 가진다. 그는 나의 부탁에 따라 가족은 물론 친구들과 작별 인사를 했고, 대부분이 그가 죽고자 하는 이유를 잘 이해하고 받아들여 줘서 감동받았다고 했다.

식당이 곧 문을 닫는데 일행이 모두 아무것도 먹지 못한 상태라 나도 그들의 식사에 동석한다. 조 할아버지는 신경 경로가 더 파괴되면서 손과 팔에 영향을 미쳐 이제 식사도 도움을 받아야만 한다.

조 할아버지의 병세 이야기를 잠시 내려놓고 다양한 주제로 이런저런 이야기를 나누다 보니, 저녁 식사는 어느새 길고도 편안한 만찬으로 바뀐다. 우리는 인생의 의미라든가, 생로병사와 같은 주제를 깊이 파고들며 철학적인 이야기를 나눈다. 서로를 안 지도 1년이 넘었으니, 대화는 더 개인적이고 친밀하다.

나는 디그니타스에서 번 돈의 일부를 질병으로 고통받는 사람들을 위해 쓰고 싶다는 바람을 나눈다. 최선의 치료를 받을 형편이 안 되는 사람들, 호스피스 병동 입원비를 감당할 수 없는 환자들. 그래서 결국엔 인력도, 의지도, 인류애도 부족한 공공 돌봄 기관으로 갈 수밖에 없는 환자들을 위해.

스위스 국민은 그래도 운이 좋은 편이다. 다른 나라들과 비교해보면, 스위스의 돌봄 기관이 얼마나 수준 높은지 새삼 실감하게 된다. 나처럼 전 세계에서 찾아오는 불치병 환자들을 자주 만나다 보면, 그것을 절감할 수밖에 없다.

최근 나는 영국인 암 환자 캠버씨의 의사조력사망 신청서를 받았다. 수차례의 화학 치료를 잘 이겨 냈지만 불행하게도 2차 암이 발생했다. 의사는 회복 가능성이 없다고 진단했고, 캠버씨도 화학 요법이 몹시 힘들었기 때문에 더 치료를 받을 자신이 없었다. 영국에 있는 우수한 호스피스로 옮겼지만, 곧 입원비가 부족해졌다.

결국 캠버씨는 완화의료과가 따로 없는 요양원에 등록할 수밖에 없었다. 그는 예전에 그런 기관에 있는 가족을 면회하러 간 적이 있는데, 그때 최악의 돌봄환경을 목격했다. 그런 기관으로 옮기기보다는 죽음이 훨씬 더 나은 선택 같았다.

결국 칼로 목 부위 대동맥을 그어 끔찍하게 자살을 시도했다. 다행히 그곳 호스피스의 간병이 워낙 세심하게 이루어지다 보니, 출혈로 사망하기 전에 신속하게 발견돼 치료를 받고 생존했다. 그후 어떻게든 요양원에 들어가지 않기 위해 디그니타스에 의사조력사망을 신청했고, 결국 신청은 받아들여졌다. 캠버씨가 호스피스 병동에서 계속 살기를 원한다면 그럴 수 있어야 했다.

나는 영국 병원에서도 근무한 적이 있다. 영국, 독일, 호주, 캐나다 등의 요양원을 둘러본 적도 있다. 스위스 말고 다른 나라에서 저소득층을 위한 요양원이 어떤 모습인지 직접 본 사람들만이 캠버씨의 절박함을 이해할 수 있을 것이다.

더 이상 치료 옵션이 없는 암으로 고통받는 이 환자도 호스피스에 계속 머물 수 있어야 한다. 스위스에도 보험 지급금을 제한하는 보험사들이 있지만, 그 부족분은 보통 자선 단체나 다른 지원금으로 충당이 가능하다.

디그니타스 수입 중 일부를 어려운 사람들에게 기부하겠다는 내 계획을 듣고, 조 할아버지는 고개를 조용히 끄덕인다. 그는 이제 식탁에 앉아 옆에 있는 모세의 지팡이에 머리를 기대고 있다. 그런 모습이 마치 위대한 사상가 같다.

조 할아버지가 갑자기 말한다.

"선생님이 이 시대의 로빈 후드군요."

집으로 돌아오는 길이다. 나는 조 할아버지에게 2차 면담 보고서를 작성하고 SP를 처방하면 이번 주 안으로 아내, 누이, 그리고 두 명의 디그니타스 상담원이 함께하는 자리에서 죽음을 맞이할 수 있다고 설명했다. 그 말을 들은 뒤, 득의만면하던 조 할아버지의 눈빛이 자꾸 떠오른다. 이제 나는 그를 떠나보내기로 했고, 그 결정에 만족한다.

그를 알게 되어 기쁘다. 그리고 그를 깊이 사랑하는 아내와 함께 할아버지가 삶의 연장전을 잘 살아낸 것에 감사한다. 아내도 이제 죽고자 하는 남편의 의지를 이해하고 받아들이며, 남편의 죽음을 잘 극복할 수 있을 것이다.

집에 도착하니 이미 자정이 지났다. 잠들지 못하는 밤에도 '나는 누구인가' 하는 질문은 계속된다. 다음 날 아침, 나는 '로빈 후드'라는 이름의 기금을 만들기로 결심했다. 임종의 순간, 존엄성과 자기 결정권을 보장받기 위해 재정적 지원이 필요한 이들을 위한 것이다.

나는 누구인가? 분명 신은 아니다. 앨버트 슈바이처도 아니고 로빈 후드도 아니다. 나는 그저 한 명의 의사다. 사람들이 어떤 외압 없이 스스로 적절하고 존엄하다고 생각하는 방식으로 임종을 맞이할 수 있도록 돕고 싶은 의사다.

삶은 우리가 받은 가장 소중한 선물이다. 나는 환자들이 삶을 최대한 기쁘고 아름답게 살아갈 수 있도록 돕는 의사의 역할에 언제나 최선을 다할 것이다. 그러나 존재가 오로지 고통으로 다가올 뿐이고, 약으로도 더 이상 도움을 줄 수 없는 순간이 온다면?

그때 환자는 너무나 끔찍한 고통에 대한 두려움 없이, 신의 심판이나 법의 심판에 대한 두려움 없이, 그 선물을 죽음의 손에 조용히 돌려줄 수 있어야 한다.

라이프서클과 이터널스피릿

디그니타스에서 상담 의사로 5년 넘게 일하다 보니 미넬리 관장과도 자연스레 가까워졌다. 나는 그를 진심으로 존경한다.

그는 불치병 환자들에게 절실한 선택지를 제공하는 데 헌신하며, 그 과정에서 무엇보다 환자의 인권이 철저히 지켜지도록 세심히 살핀다. 법률에 대한 깊은 이해도 인상적이며, 디그니타스에서 일하는 모든 의사들이 그를 믿고 의지하고 있다는 사실을 나 역시 잘 알고 있다.

그는 소송을 회피하지 않는다. 오히려 법적 대응

이 궁극적인 대의 실현에 도움이 된다고 확신한다. 모든 이의 죽을 권리가 온전히 존중받는 사회를 만들기 위한 투쟁에서, 그가 가장 효과적으로 목소리를 낼 수 있는 장소는 바로 법정이다.

미넬리 관장은 의료조력사 허용 범위가 정신 질환자들, 더 나아가 건강한 사람들에게까지 확대되어야 하며, 이 권리가 반박할 수 없는 인권으로 자리 잡아야 한다고 주장한다.

그러나 나는 의사로서도, 한 인간으로서도 이러한 관점이 도덕적으로 옳다고 생각하지 않는다. 더 이상의 해법이 없는 육체적·정신적 문제를 맞닥뜨리지 않는 한, 삶은 언제든 다시 피어날 수 있는 소중한 선물이다. 나는 건강한 사람이 자발적으로 자살을 시도하는 것을 결코 용납할 수 없다.

디그니타스에서 일한 지난 5년 동안, 내부적으로 개선이 필요한 문제들이 점점 더 명확하게 눈에 들어왔다. 하지만 안타깝게도 내 목소리에 귀를 기울이는 사람은 없었다. 불만이 점차 커지면서 동료 의사들에게 이곳에서 함께 일해보자고 권하는 일조차 망설여지게 됐다.

디그니타스가 미디어에 부정적으로 비치는 사례도 너무 많아졌다. 디그니타스 협력 의사들이 호텔의 블랙리스트에 오르는 것이 냉혹한 현실이다. 4년 전 미넬리 관장은 의료조력사를 시행하던 여러 건물에서 잇따라 퇴거 명령을 받았다. 이미 협의를 마친 조력사망 일정을 취소하고 싶지 않았던 그는, 이를 호텔에서 시행하도록 했다. 그때부터 호텔 측은 외국인 투숙객이 자기 호텔에서 조력사망을 시도할까 봐 심각하게 우려하게 됐다.

호텔 측의 불안과 미넬리 관장의 행동은 어느 정도 이해할 만했다. 앞서 언급했듯이 디그니타스가 소유지에서 추방당하는 사태가 발생하면서, 그는 이 문제에 대한 대중의 관심을 적극적으로 끌려는 의도도 있었던 것이다. 취리히 인근 산업단지인 프패피콘에 적합한 부지를 확보한 이후에야 과열되었던 언론의 관심도 상당히 진정됐다.

나와 미넬리 관장은 다른 측면에서도 의견이 갈린다. 나는 주변 사람들과 우호적인 관계 속에서 살아가기를 원한다. 의견의 차이와 대립이 존재하더라도 모두가 수용할 수 있는 공동의 실현 가능한 해결책을 찾고 싶다. 이 점에서 미넬리 관장의 입장과 상충한다. 그는 대립을, 나는 화해를 원한다. 그는 혼자 결정 내리는 것을 원하고, 나는 다른 사람의 의견을 구하고 함께 상의하기를 원한다.

그뿐 아니라 디그니타스에서 일하는 의사들 간 소통이 거의 없다는 점이 나를 가장 힘들게 했다. 신규 의사가 세 명 들어왔다는 소식을 듣고 기존 의사들과 신입의 만남을 제안했던 적도 있다. 하지만 나는 신입 의사들의 연락처를 받지 못했다. 미넬리 관장이 혼자 신입 오티를 하고 싶어 했기 때문이다.

이후 문제를 풀어 나가기 위해 대화를 하면서 그런 결정의 이유를 납득하긴 했지만 동의할 순 없었다. 일이 계속 탐탁지 않게 돌아가면서, 결국 나는 디그니타스를 떠났다.

2011년, 앞서 언급한 조 할아버지와의 대화를 계기로 나는 '로빈 후드' 재단을 설립하기로 결심했다. 디그니타스 상담 수입의 일부를 활용해, 경제적 어려움으로 건강과 행복에서 멀어진 이들을 돕고자 했다. 이 계획을 실행으로 옮기기까지는 꽤 긴 시간이 걸렸지만, 한 번도 소홀히 한 적은 없다. 마침내 꿈이 이루어졌다. 처음 이 프로젝트를 시작할 때 명칭은 '로빈'이었다. 특히 다섯 분의 지원과 헌신이, 이 꿈을 현실로 만드는 데 큰 힘이 됐다.

새롭게 탄생한 재단에는 디그니타스에서 미처 다 채우지 못한 정신을 담았다. 그 재단이 바로 '이터널스피릿Eternal Spirit'이다. 나는 지금 이터널스피릿을 통해,

전 세계적으로 자기 결정에 따른 자발적 조력사망이 합법화될 수 있도록 캠페인을 펼치고 있다. 또한 '로빈 후드' 같은 존재가 필요한 사람들을 지원한다.

라이프서클협회www.lifecircle.ch를 통해서는 적절하고 정확한 관련 정보를 제공하고, 임종 시 자기 결정권을 증진함으로써, 사람들이 삶의 질을 유지할 수 있도록 하는 데 헌신하고 있다.

생명을 증진하는 협회와 조력사를 위한 재단을 동시에 설립한다는 것이 모순되게 들릴 수도 있다. 그러나 현실에서 삶과 죽음은 라이프서클과 이터널스피릿의 관계만큼이나 밀접하게 연결되어 있다.

의사들은 일상적인 진료 환경에서 생명 유지와 증진을 위해 최선을 다한다. 한편 죽음의 과정을 돕는 일은 대개 금기시되지만, 사실 많은 의사들이 자각하는 것보다 훨씬 더 빈번히 이 과정에 관여하고 있다. 단지 그러한 금기를 침묵과 죄책감이라는 장막으로 가려둘 뿐이며, 이는 죽음의 과정에 개입하는 의사와 환자 모두에게 부정적 영향을 미친다.

자발적 조력사망의 가장 아름다운 측면은 가족과 친구들이 환자의 결정을 이해하고 받아들인 후, 사랑하는 이가 의료조력사를 통해 생을 마감하는 순간에 함께하며, 그를 축복하고 평화롭게 떠나보낸다는 것이다.

내가 하는 일이 조력사망 활동을 하는 다른 기관에도 도움을 줄 수 있기를, 그래서 우리가 함께 그 목표를 이루기 위해 담대한 걸음으로 나아갈 수 있기를 바랄 뿐이다.

우리의 궁극적 목표는 이것이다. 자발적 조력사망도 원치 않는 임신 중절과 마찬가지로 법적 기준이 완화되고, 사회적으로 폭넓게 수용되는 것이다. 대부분의 국가에서 발달 중인 인간 생명체인 배아의 중절은 허용하면서도, 불치병 환자가 죽음을 간절히 원하는 순간조차 고통 속에서 삶을 지속해야 한다는 것이 과연 윤리적으로 정당한가? 이제는 유럽, 더 나아가 전 세계가 죽음을 바라보는 관점을 다시 생각해볼 때가 되지 않았는가? 비록 그 변화에 긴 시간이 걸릴지라도 말이다.

이 책의 이야기는 내가 2011년 11월 미넬리 관장에게 새로운 자발적 조력사망 기관을 설립했다고 밝히는 시점에서 자연스럽게 마무리된다. 두 번째 책에서는 라이프서클협회와 이터널스피릿 재단 설립 과정에서의 내 경험을 나눌 수 있을 것이다.

수많은 자기 결정에 따른 조력사망을 경험할 수 있었던 디그니타스에서의 시간이, 내가 직접 기관을 설립하는 데 큰 도움이 됐다. 이 자리를 빌려 미넬리 관장에게 깊이 감사드린다.

미넬리 관장은 바젤이 자발적 조력사망 반대 운동의 요새기 때문에, 우리 기관이 자리를 잡기가 쉽지 않을 것이라고 했다. 그리고 이곳에서 실패하면 다시 디그니타스에서 일하라고 아량을 베풀기도 했다. 바젤에 터를 잡은 라이프서클과 이터널스피릿이 성공할지 실패할지는 시간이 흐르면 밝혀질 것이다.

마지막으로 세르지오 밤바렌 작가의 소설 〈꿈꾸는 돌고래 The Dolphin : story of dreamer〉 한 부분을 나누며 마치고 싶다.

> *살다 보면 그런 때가 있지*
> *아무것도 할 수 없고*
> *그냥 네 길을 걸어가야만 할 때*
> *네 꿈을 따라가야만 할 때*
> *너만의 돛을 올려야만 할 때*
> *너만의 신념을 실어*

나의 꿈, 나의 신념은 바로 사람들이 존엄한 임종을 맞이할 수 있도록, 자기 죽음을 결정할 수 있도록 돕는 것이다. 이런 부분도 있다.

아마도 사랑은

상대를 보내주는 법을 배우는 것

헤어져야 할 때를 아는 것

사랑하는 사람에게 더 좋은 길을

내 마음으로 막아서지 못하도록 하는 것

우리가 지금의 모습으로 설 수 있게 해준 나의 아버지를 떠올리며, 아버지에 대한 감사를 담아.

아빠, 당신의 죽음을 허락합니다
이토록 멋진 작별의 방식, '간절한 죽음이라니!'

ⓒ 에리카 프라이지히, 2025

초판 1쇄 발행 2025년 10월 1일

지은이 에리카 프라이지히
옮긴이 박민경   **감수** 최다혜
펴낸이 이종록
펴낸곳 스마트비즈니스
등록번호 제 313-2005-00129호 **등록일** 2005년 6월 18일
전화 031-907-7093
팩스 031-907-7094
이메일 smartbiz@sbpub.net
인스타그램 smartbusiness_book
ISBN 979-11-6343-076-6 03850

- 이 책은 저작권법에 따라 보호받는 저작물이므로 무단전제와 무단복제를 금합니다.
- 책값은 뒤표지에 있습니다.
- 잘못 만들어진 책은 구입하신 서점에서 교환해드립니다.

최다혜 감수

한국존엄사협회를 설립하고, 2023년 12월 조력사망 관련 헌법소원을 제기하는 등 존엄한 죽음을 위한 제도 개선과 사회적 합의를 이끌기 위해 활발히 활동하고 있다. 현재 경성대학교 외래 교수로 재직하며 인권과 헌법 교육에도 힘쓰고 있다.

"
사려 깊고 헌신적인
소수의 시민이
세상을 바꿀 수 있다는 것을
의심하지 마세요.
실제로 지금까지 세상을 바꾼 것은
그것뿐입니다.
"

— 마가렛 미드(문화인류학자)